El aullido del lobo

GONZALO RODRÍGUEZ GARCÍA

El aullido del lobo

Orientaciones espirituales para jóvenes guerreros

CUARTA EDICIÓN

ALMUZARA

Primera edición: junio de 2025
Primera reimpresión: julio de 2025
Segunda reimpresión: noviembre de 2025
Tercera reimpresión: junio de 2026

Editorial Almuzara • Filosofía, Cultura y Sociedad
Editora: Ángeles López
Corrección: Javier Alvaredo
Maquetación: Joaquín Treviño
Foto de Gonzalo por Manuel Vigo Monterrey

www.editorialalmuzara.com
pedidos@almuzaralibros.com - info@almuzaralibros.com

Editorial Almuzara
Parque Logístico de Córdoba. Ctra. Palma del Río, km 4
C/8, Nave L2, nº 3. 14005 - Córdoba

Imprime: Gráficas La Paz
ISBN: 978-84-10528-40-6
Depósito legal: CO-983-2025
Hecho e impreso en España - *Made and printed in Spain*

Dedicado a mi madre y a mi padre
que son las personas que más quiero

«Del Cielo que está por encima de los cielos, ¿qué poeta
terrenal lo cantó alguna vez o cantará dignamente?...
Allí permanece el Ser al que apunta el conocimiento
verdadero; la Esencia sin color, sin forma. Esencia intangible...
Conocimiento absoluto en la Existencia absoluta».

Platón

«Debes saber que el *Atman*, inmortal y autoluminoso,
es quien viaja en el carro. Y el cuerpo es el carro,
la Consciencia es el auriga, y la mente, las riendas».

Kaṭha-upaniṣad

«Hay tres principios en el Hombre perfecto, el cuerpo, el alma
y el Espíritu. Uno que salva y forma, el Espíritu. Otro que es
unido y formado, el cuerpo. Y finalmente un intermediario entre
ambos que es el alma. El alma en ocasiones sigue al Espíritu y
es elevada por él hacia el Cielo. Otras veces condescendiente
con las miserias del cuerpo se enfanga en lo terrenal».

San Ireneo

«A Odín también le llaman el padre de los muertos en
combate, pues son sus hijos adoptivos todos los elegidos
para la muerte en la lucha. Para ellos es el Valhalla».

El sueño de Gylfi. Edda menor

«—¡Adiós! —dijo Frodo, con una profunda
reverencia—. Piensa lo que quieras, pero soy amigo
de todos los enemigos del Enemigo Único...».

El señor de los anillos. J.R.R. Tolkien

Índice

Presentación

Este libro es ante todo y en primer lugar un libro sobre espiritualidad y dirigido a personas con sensibilidad y vocación espiritual. Y es desde dicha espiritualidad, en primer término y razón de ser, plantea varias cosas que como corriente de fondo sostienen todo su discurso. En primer lugar, plantea una mirada crítica respecto del proceso histórico moderno y del significado del momento presente. Marcado este por las ideas de nihilismo y alienación espiritual y, en consecuencia, de decadencia y degeneración. Por otro lado, plantea la posibilidad de un tipo humano antagónico a dicho momento presente y proceso histórico moderno, y capaz de actualizar en sí mismo aquello que precisamente permite superar todo nihilismo y alienación espiritual y, por ende, toda la decadencia y degeneración a la que habríamos arribado. Unido a esto plantea una serie de orientaciones espirituales, prácticas y disciplinas, para dicho tipo humano antagónico al nihilismo, y conducentes a dicha actualización y superación. Y, finalmente, señala la fuente de dicha mirada crítica y de dichas orientaciones y disciplinas en el mundo de la cosmovisión tradicional. De la Tradición Sapiencial. De la Tradición como *Sophia Perennis*.

Siendo esa la fuente, el texto se argumenta y desarrolla con conceptos y términos que provendrán de la Grecia clásica y el mundo romano. Del platonismo y del estoicismo. También de la India védica, del *Sanatana Dharma*, y del budismo. También de la mística cristiana, los «padres del desierto», y la cristiandad hispánica. Y, finalmente y en menor medida, de los mitos y leyendas del antiguo mundo céltico y germánico, así como de la literatura artúrica y el ciclo del Grial.

El texto es así en sus fuentes y en su intención abiertamente antimoderno y se escribe conforme a las coordenadas filosóficas del tradicionalismo. Del tradicionalismo planteado como perennialismo, y es desde ahí, hace tanto el ejercicio de discernimiento crítico respecto del proceso histórico moderno y del momento presente al que hemos arribado como de orientación espiritual, alternativa filosófica, y práctica y disciplina, a la contra de dicha modernidad. Todo ello sin dejar de tener presente y con absoluto realismo, el especial oscurecimiento espiritual de nuestro tiempo, pero también, y a partir de ahí, su especial oportunidad...

*

De acuerdo a todo esto, este libro no es para todo el mundo. No está escrito para el común y no pretende llegar a cualquiera que pudiera saber de él. No tiene así ni intención ni vocación de dirigirse a todos ni de convencer o debatir con quien es ajeno a sus términos. Sino que está escrito y dirigido a un tipo concreto de persona. A un tipo humano específico. El libro es para aquel que, aunque sea vagamente, sabe que el mundo moderno es un dislate... Una enfermedad que no puede curarse a sí misma. Una subversión nihilista y un desorden distópico que no puede corregirse desde dentro con sus propias ideologías y fórmulas. Que todo él es un error. Y que tiene que haber «otra cosa» exterior y superior a él, que sea perenne, universal e incondicionada, y a su vez potencial en el ser humano, y que deba poder reemerger para desenmascararlo, trascenderlo y dejarlo atrás...

El libro está escrito así para lo que hemos llamado los hombres y mujeres de la «Raza del Espíritu»... Para los hombres y mujeres en los que todo lo que en el ser humano es mera individualidad fenoménica y existencial, mero soporte psicofísico y emocional, está llamado a ser órgano e instrumento de expresión y acción de aquello que es anterior y superior a esa mera individualidad condicionada. De modo tal que no aspirarán a deberse a los temores y apegos, ansias y vanidades, afectaciones o traumas, caprichos, emociones, biografía y deseos de dicha individualidad, sino a deberse a la conquista de sí mismos y a la posesión total de la personalidad. A realizar su dimensión espiritual, supraindividual e incondicionada, a pleno de su potencia y superioridad. Dando lugar así a que la realidad esencial, central, adamantina e incondicionada del Hombre, despierte, se haga presente y se afirme y gobierne. Todo ello fruto de una vía de disciplina y ascesis que supera, subordina, controla y agota todo sentido puramente fenoménico, subjetivo, individual, psicofísico y existencial del yo. Poniendo entonces ese núcleo Incondicionado y «extrasamsárico» de la personalidad, al frente de la propia vida y el gobierno de sí. No habiendo entonces, a la manera del auriga platónico, soberanía interior ni libertad sin sabiduría espiritual y autoconocimiento. Y siendo entonces, a la manera estoica, el ánimo imperturbable e impasible, la cima del poder y la dominación sobre uno mismo...

A partir de aquí y al modo de las tradiciones míticas recabadas en la Grecia clásica por Hesíodo, diríamos que llegada la Edad del Hierro y el «oscurecimiento del mundo», Zeus, «rey de los Dioses» y símbolo del principio inmortal y Olímpico, generará una «raza de héroes» provista potencialmente de la posibilidad de reconquistar y restaurar dicho principio Olímpico en sí mismos y en el mundo, poniendo fin con ello a la Edad del Hierro, poniendo fin a la «Edad Oscura». Y en esos mismos términos y horizonte de restauración resonará y llamará a los Hombres de la «Raza del Espíritu» nuestra época, toda vez que esta discurre por las antípodas de tan alta posibilidad y principio Olímpico e inmortal e incluso ofrece su contraimagen, como logro de emancipación y progreso...

*

Y efectivamente hemos dicho «Raza del Espíritu» y hemos hecho referencia al platonismo y al estoicismo, y hemos hecho referencia a conceptos como Incondicionado, samsárico, adamantino, fenoménico, inmortal, Olímpico, etc. Todo un glosario de términos que recogemos alfabéticamente en el apartado correspondiente y allí definimos y explicamos. Siendo fundamental para el buen entendimiento y provecho de este libro, tener dicho glosario muy presente para poder seguir el sentido que vamos a dar a lo largo del texto a muchos conceptos que iremos trayendo a colación. Tanto así que sin la definición y compresión correspondiente de dichos términos, e incluso del uso particular que haremos de algunos de ellos, podría perderse el hilo de lo que vamos planteando. Del mismo modo y conforme al peso que algunos de estos conceptos tendrán nos reservamos el derecho a dejarlos por escrito en mayúsculas.

*

Por último: el libro se plantea y redacta con una fuerte vocación de llamada y aldabonazo. De «aullido en la noche», de «forja de la espada», de «convertir el asco en acero y salir al mundo a buscar tus iguales». Y es desde dichas coordenadas que se escribe y proyecta sus imágenes, ideas fuerza, su uso del lenguaje y de términos y conceptos muy concretos. Con intención de resonancia, sugestión, conexión y esclarecimiento. Este estilo, unido a los propios temas que trataremos, aspiramos a que funcione como filtro para esos hombres y mujeres a los que va dirigido…

Prólogo: apertura y llamada...

Arribados a la Medianoche del Mundo el fuego del Espíritu debe ser de nuevo avivado en nuestras almas...

Con especial tesón y consagración debemos volver al argumento primero, hoy día olvidado, en el que nos jugamos el ser o no ser: la forja del alma... Pues somos ya los habitantes del confín de la Historia allá donde parecerá que solo un nuevo amanecer puede cambiar las tornas de esta oscura noche por la que transitamos. Y ese nuevo amanecer no llegará sin más y de manera fatal, sino que también dependerá de nosotros. Del despertar en nosotros a una sabiduría y una fuerza que hace ya demasiado tiempo hemos dejado de conocer, entender y cultivar y que, sin embargo, permanece perenne en los adentros del alma como una semilla escondida que nunca muere y siempre es posible, conforme al correspondiente aprendizaje y disciplina, hacer germinar. Dando entonces como fruto un «centro interior» Incondicionado, invulnerable, y libre. Un centro «autoluminoso» que no es otro que el argumento mismo de la vida humana para los hombres y mujeres de la «Raza del Espíritu»... La cual a su vez no es sino la antítesis absoluta a la degeneración y decadencia por la que transitamos. Su antagonista total y su «Némesis»...

*

Como nunca antes es así precisa la existencia de hombres y mujeres dispuestos a avivar en sus almas la llama del Espíritu, en pleno corazón del «Kali Yuga», en esta medianoche del Mundo a la que hemos arribado. Forjando su ser más íntimo en dicha «llama imperecedera» y elevando su alma hacia lo Incondicionado. Hacia ese «Centro autoluminoso e inmutable» que no es sino el centro mismo de nuestro ser. Punto de unión de la Trascendencia en la inmanencia, de la «Vertical en la horizontal». Actuando entonces en el mundo desde dicha forja y elevación, desde dicho «Centro y Vertical», en actuar puro y absoluto, supraindividual y liberado. Hecho de Consciencia y presencia plenas, calma profunda y entrega total...

Frente al tipo humano de la decadencia y la degeneración, del «ruido que no cesa», del estado de carencia, del psiquismo incesante, de la mente insomne y el ánimo neurótico, puramente «samsárico», inconscientemente alienado, inconsciente de sí... Preparar y anunciar el horizonte de una «Nueva Restauración». De un «Nuevo Hombre» que trae un «Nuevo Tiempo» que no es sino la actualización de lo Eterno. De una renovada Aristeía frente al nihilismo y decadencia posmoderna.

Y esa es la tarea que pide nuestro tiempo a los hombres y mujeres de la «Raza del Espíritu» y de la verdadera Revolución, si es que Revolución significa realmente eso: «Volver al Origen». Volver a la fuente primera...

*

Las enseñanzas de la cosmovisión tradicional ya nos advirtieron de la decadencia y fanatismo que el nihilismo traería, que la noche del Kali Yuga generaría, y de cómo frente a todo ello, el «Hombre de la Areté» se postula como antítesis, respuesta y antídoto. Un Hombre que en primer lugar y como punto de partida, sabe y asume de manera radical que ninguna dificultad material, decepción personal, decadencia sociocultural y política, golpe de mala suerte o fatalidad puede ser más terrible para él y hacerle más daño y alienarle más que un alma ofuscada, sin discernimiento ni Consciencia ni esclarecimiento, sin «silencio y libertad»... Del mismo modo, que ninguna riqueza material, prosperidad, buena compañía, tiempo histórico de esplendor y grandeza, éxito profesional o golpe de buena suerte le puede hacer más bien, elevarle y reportarle más que un alma trabajada, purificada, esclarecida, recta y dueña de sí... Que un ser interior liberado, centrado, «vertical y supraindividual». Y que es precisamente esa Aristeía, esa vía de la Areté, esa «forja interior» en la «llama imperecedera» del Espíritu, el punto de partida y raíz para toda contestación completa, impugnación total y superación sin remisión, del tiempo de nihilismo, degeneración, fanatismo, decadencia y subversión, que estamos viviendo.

*

El Guerrero Espiritual es así el auténtico sujeto revolucionario que necesita nuestra época...

Él es el «Cruzado» al que toda mera aspiración burguesa, lucha obrera o reivindicación nacionalista no dejan de parecerle cuestiones secundarias tras cuya primacía política e ideológica se esconde en gran medida el desnorte y sinsentido de nuestra época.

La verdadera batalla entonces, la cuestión fundamental en la que el Hombre se juega el ser o no ser, es el conocimiento y conquista de sí mismo. Y siempre ha sido así y siempre será así. Y es partir de ahí que se articula, une, armoniza y ordena todo lo demás... Y esa ha sido la esencia de la cosmovisión tradicional y ha sido precisamente el olvido de esto o su incomprensión, el fundamento de la subversión moderna y el origen de la decadencia. Y es así en el recuerdo y actualización de dichas enseñanzas del mundo de la Tradición, que tenemos las palancas de fuerza para salir del atolladero al que hemos llegado. Las palancas de fuerza para liberarnos del mundo de ofuscación, inconsciencia, ignorancia, temor, carencia, debilidad interior y ansia que nos rodea.

*

...Y aquellos que consiguen enraizarse en la Verdad, gobernarse a sí mismos y ser así realmente libres son entonces buscados por aquellos a los que les pesan las cadenas y quieren también la fuerza para romperlas. Y se unen en lazos de lealtad, confianza y respeto y forman de este modo una comunidad de personas tan unidas como decididas a ser lúcidas, despiertas, fuertes y libres, y

a ayudarse las unas a las otras en este propósito. Y ellos son la auténtica disidencia y el germen de la nueva élite revolucionaria. Ellos son la «forja de la espada» y el «aullido del lobo», el anuncio del fin de la Edad Oscura y la vanguardia del nuevo amanecer...

PRIMERA PARTE
EL GUERRERO ESPIRITUAL

El guerrero espiritual y el Kali Yuga

ENTENDER NUESTRA ÉPOCA: TRADICIÓN, MODERNIDAD Y REVOLUCIÓN...

A modo expositivo y sintético, si bien sería más profuso de detallar, planteamos casi como si fuera una cartografía básica de situación, que dos grandes corrientes principales de pensamiento y comprensión habrán configurado la historia de Occidente. Dos corrientes que aun cuando se han sucedido cronológicamente a lo largo del proceso histórico occidental, su relación no será la de la continuidad en progresión ascendente de la una a la otra, sino la del antagonismo y la contraposición. Un antagonismo raíz, que sigue operativo hoy día, que estuvo operativo en el pasado, y que contrapone lo que por un lado denominaremos cosmovisión tradicional o directamente Tradición. Y lo que denominaremos genéricamente Modernidad. Desde el ángulo de la Modernidad, la Tradición fue superada y el avance de la historia sería un progreso en emancipación y libertad en el que en todo caso los paradigmas de la Tradición quedarían subordinados al avance y liberación moderna. Desde el ángulo de la Tradición, la Modernidad, sería una caída de grado, una decadencia espiritual e incluso degeneración cuyo sueño de emancipación habría conducido sin embargo a la alienación y al nihilismo.

La cosmovisión tradicional corresponderá a una visión «trascendente y espiritual» de la vida, el Hombre, y el mundo, y, muy sucintamente señalado, en ella encontraremos la idea de un principio superior de orden Incondicionado y atemporal, sobrenatural y metafísico, que se configura tanto como fundamento, origen y sostén de toda realidad natural y material, condicionada y temporal, como horizonte último de sentido de la vida humana, cuya razón de ser fundamental sería así el conocimiento unitivo de dicho principio. Siendo entonces que dicha dimensión «trascendente y espiritual» se encontrará en el centro mismo del alma humana y como en estado de potencia. De esencia en latencia o semilla. Y el argumento mismo de la vida del Hombre no será otro que despertar a dicha esencia y actualizar dicha potencia. «Despertar» a dicha dimensión «trascendente y espiritual», que sería inmanente al alma humana, y hacerlo conforme a una elevación ontológica del sujeto al plano supraindividual de la personalidad. Más allá de la mera egoidad fenoménica, condicionada y existencial.

Platón y Homero, en las raíces mismas de Europa, estarán en claro entroncamiento con dicha cosmovisión trascendente y espiritual del mundo de la Tradición. El Rig-veda y su corolario en los Upanishads, al otro lado del mundo, en la India, resonarán a su vez en análoga cosmovisión al pensamiento platónico y los himnos de Homero. De Oriente a Occidente, del Indo a Europa, un arco de expansión y diversificación de un mismo «linaje» espiritual de comprensión y sabiduría tradicional.

En términos de la posterior tradición cristiana, nada sintetizará mejor la cosmovisión tradicional que la consigna evangélica «la Verdad os hará libres». La Verdad como la raíz y asiento propio del ejercicio de la libertad y, a su vez, la palanca de toda «liberación» verdadera. De todo descondicionamiento y superación de la mera existencia pasiva y reactiva frente a la mundanidad. Inserta unilateralmente en el mero devenir y la mera individualidad fenoménica.

De otra manera, la ética heroica del antiguo mundo germánico y céltico, su horizonte de «gloria trascendente» en clave épica, de honor, valor, arrojo e ímpetu de combate, de «sed de Valhalla», apuntará también en la misma dirección que la cosmovisión «trascendente y espiritual» del mundo de la Tradición. Y del mismo modo ocurrirá con la literatura medieval, los cantares de gesta, el ideal de la «caballería espiritual» y, de manera especialmente refinada y de profundo simbolismo, en la literatura artúrica y las sagas del Grial.

En frente, el mundo de la Modernidad (advenido fundamentalmente a lo largo de los últimos quinientos años), se moverá exactamente en las antípodas de la cosmovisión tradicional y hará, por el contrario, de la realidad meramente natural y material, y de la existencia meramente fenoménica, condicionada y contingente, el fundamento y realidad única de todas las cosas e incluso la causa eventualmente oculta que subyacería a toda inquietud humana, aun cuando esta se expresara en términos espirituales o religiosos. Pensadores claramente modernos como Hume, Marx, Freud o Nietzsche, aunque muy diferentes entre sí, desde distintos ámbitos y perspectivas, convergerán sin embargo en un mismo principio a la hora de afrontar la realidad humana y natural: para todos ellos la referencia a la «trascendencia» no tendrá lugar... Siendo entonces las fuerzas desnudas de la naturaleza, de la materia, la economía, el azar, el subconsciente, el instinto de supervivencia y de reproducción, la voluntad de poder, o cualquier otra instancia «no espiritual», el verdadero fundamento, sostén y explicación del Hombre y el Mundo. Y siendo entonces y además que, desde ahí, se querrá levantar acta de defunción del mundo de la Tradición, que «finalmente habrá podido ser dejado atrás» para amanecer a un nuevo horizonte de emancipación: el horizonte de la Modernidad... Que es a su vez entendido como el lugar predilecto al que el ser humano tenía que llegar y avanzar. El horizonte y paradigma que deja atrás el «oscurantismo metafísico» de la Tradición, nos libera de «sus cadenas» y nos impele a un horizonte de progreso, siempre inconcluso y siempre con renovadas líneas de avance que alcanzar, cuya mirada última alcanza efectivamente la utopía...

Esta corriente de pensamiento, meramente materialista, cientificista y de raíz antimetafísica y antitrascendente, es la que ha sostenido de fondo el desarrollo de nuestros tiempos modernos y es la que está en la base de los paradigmas de nuestra época. Época la presente que se arroga superioridad y marchamo de progreso y avance respecto de toda época pasada, si bien cada vez resulte más evidente que más allá del desarrollo científico-técnico y el bienestar material, que como nunca antes se habrá logrado, para todo lo demás, nos moveremos sin embargo en el ámbito de un hondo nihilismo y sinsentido. De una «debilidad del alma» para la que bien parecerá que efectivamente la «utopía moderna» ha terminado por arribar y sin desviación mediante a la «distopía posmoderna». La emancipación respecto de la «Verdad» con mayúsculas, y tal como desde las coordenadas de la Tradición se advertía, no ha conducido a la «Liberación», sino a la alienación, la carencia, la sinrazón de ser, la insania y el absurdo...

Nada sintetizará mejor de este modo el significado de la Modernidad que la consigna invertida y luciferina de: «La Libertad os hará verdaderos». La libertad ejercida por sí misma y no como fruto y consecuencia de la Verdad. La libertad entendida así como mera expresión de la individualidad, personal o colectiva, convertida en piedra de toque de la verdadera humanidad que ahora sí, tras siglos de «oscurantismo», se puede hacer realidad... Aquello respecto de lo que las enseñanzas de la Tradición Sapiencial nos libera y eleva, convertido en el centro y argumento moderno. Y al tiempo esa misma cosmovisión tradicional, anagógica y liberadora, señalada como imposición, oscurantismo, mera fantasía y condena.

En este sentido, el contraste entre el mundo de la Tradición, entendida esta ante todo como *Sophia Perennis*; y el Mundo Moderno, entendido este ante todo no como progreso de la ciencia y la técnica, sino como emancipación respecto de todo principio de «verdad espiritual» y, por ende, de superior *Auctoritas*, tendrá un reflejo fundamental en el ámbito de la gnoseología y la ética. Así mientras que para el mundo de la Tradición el Hombre puede acceder a la «verdad espiritual» y es desde ahí que está llamado a ser Libre. Para la Modernidad, toda verdad que no sea descripción científica de la realidad será relativizada, no habrá así «verdad espiritual», y, por ende, la libertad, quedará entonces confundida con el mero ejercicio y validación de la individualidad y la subjetividad. La cual una vez sacralizada tenderá a organizar y articular la vida personal, social y política de la Modernidad, que a su vez y en última instancia parecerá configurarse en gran medida como un sistema para el incentivo, cultivo, satisfacción y salvaguarda de dicha subjetividad. Incluyéndose aquí no solo la subjetividad individual propiamente dicha, sino también los «individualismos colectivos» de clase, nación o género, que la Modernidad también en algunas de sus variantes ideológicas sobredimensiona hasta poner unilateralmente en el mismo centro de la acción política, rompiendo así el sentido «orgánico», «de cuerpo», que el mundo de la Tradición asignaría a cada uno de dichos niveles.

En todo caso lo que nos estaríamos encontrando aquí, y esta sería una de las claves de la subversión moderna, sería ese paso anteriormente señalado de la consigna cristiana que nos dice: «La Verdad os hará libres»; a la consigna posmoderna que nos dice: «La Libertad os hará verdaderos»... Consigna posmoderna que efectivamente, y a la luz de esa misma tradición cristiana, no será sino el corolario del *non serviam* luciferino. Del atentar contra el principio de *Auctoritas* en nombre de la individualidad. La consecuencia final de dicha subversión y atentado «contra la Verdad» en nombre de la «individualidad», no será sin embargo ninguna «liberación», ninguna «conquista interior», sino todo lo contrario... Su fruto maduro es la distopía posmoderna: el tipo humano de la «carencia perpetua», de la «agitación samsárica», del «infierno del alma», de la *Dukkha*: la sed que no cesa y, por ende, el malestar, la neurosis, la alienación, la debilidad del alma y la civilización del nihilismo...

*

Yendo a lo que sería el punto de vista histórico y recogiéndolo de manera muy sintética, diremos que con la caída de Roma se habría cerrado el ciclo histórico de la Antigüedad europea. Ciclo que, con su confluencia de mundo griego, romano, celta y germano, habría marcado definitivamente la identidad de la Europa tradicional. Seguidamente, la cristiandad medieval sucederá y continuará a Roma como nuevo ciclo histórico tradicional de nuestra civilización. Y en dicho medievo europeo, algunos de los andamiajes fundamentales de la Antigüedad seguirán presentes. Si bien con renovadas formas y posibilidades surgidas ahora de la tradición cristiana.

Es así que sucintamente podrá decirse que la filosofía griega (con Platón y Aristóteles a la cabeza), junto al ideal romano del *Imperium* (prefigurado ya por Alejandro y después por César), más la cultura guerrera, ética heroica y vínculos espirituales con la naturaleza de los pueblos bárbaros (fundamentalmente celtas y germanos), unido todo ello a la tradición cristiana medieval, terminarán por darnos las claves básicas de la Europa tradicional premoderna. La cual tendría así dos ciclos históricos: el pagano y el cristiano. Siendo que en cada uno de ellos y en continuidad el segundo con el primero, habrán mantenido y más allá de sus infinitas vicisitudes, variantes, e incluso confrontación de un ciclo respecto del otro, un argumento de fondo basado siempre en la dimensión de la Trascendencia y la posibilidad de alinearse y unirse a ella a partir de la propia naturaleza humana.

Más adelante, sin embargo, la decadencia de la civilización medieval, el nominalismo y el güelfismo, y el subsiguiente antropocentrismo renacentista, más la Reforma Protestante, el Absolutismo, la Ilustración, el Romanticismo y finalmente las revoluciones contra un ya esclerótico Antiguo Régimen (con Francia como paradigma revolucionario, pero también en Norteamérica), darán lugar a toda una nueva fase histórica en la cual se decantará la Europa moderna propiamente dicha. Europa moderna cuyo fruto maduro será precisamente la civilización ajena y de espaldas, e incluso abiertamente «negacionista», respecto de la dimensión de la Trascendencia. Una civilización antitética a la tradicional, a la cosmovisión tradicional, y a cuyo propio nihilismo antimetafísico, lo considerará progreso y emancipación...

Y efectivamente es ahí donde estamos y nuestro tiempo histórico no será así, sino resultado de dicho proceso moderno. Y entender todo esto, distinguiendo el ciclo tradicional, en su etapa pagana y después cristiana, del proceso de la Modernidad, del Renacimiento a la Revolución francesa, será fundamental para comprender cómo hemos llegado hasta aquí y qué significado tiene la época que estamos viviendo. Más aún cuando de la Revolución francesa a la Segunda Guerra Mundial se sucederán tres siglos de respuesta, guerra y confrontación a la subversión moderna que aun pretendiendo contraponer el horizonte de la Tradición al despliegue de la Modernidad, ya no será capaz de hacerse sin limitaciones, desviaciones y adulteraciones y, así y finalmente, la subversión se impondrá... la civilización del nihilismo se hará realidad.

Tanto así que, a día de hoy, Europa vive y se ordena totalmente conforme a los paradigmas de dicho nihilismo moderno, y lo que fue la Europa premoderna y tradicional, habría quedado reducida a un mero «paisaje de ruinas». Ruinas evocadoras, quizás incluso monumentales y artísticas, dignas de deslumbrarnos en los museos, y sin embargo ajenas de toda vez al desarrollo del proyecto moderno de Hombre y Civilización.

Es en este contexto que hay que entender que surge como síntoma característico y definitorio del Mundo Moderno, ese fenómeno que hemos llamado del «nihilismo»: el Mundo Moderno, con su olvido o negación de la Tradición y su vivir de espaldas a la dimensión de la Trascendencia, habría ido dejando a su paso una subyacente sensación de absurdo y sinsentido que los lenitivos del progreso científico, el materialismo práctico y la cultura del consumo, apenas conseguirán mitigar. Ocurriendo entonces que en ocasiones dichas «ruinas» del pasado, aun no siendo ya algo realmente vivo y presente en nuestra cultura, sensibilizarán sin embargo a los europeos menos modernizados, despertándoles a la conciencia de lo fatuo y vacío del proyecto moderno...

Se tiene entonces la impresión de que el ingente desarrollo científico y económico-técnico de nuestro tiempo se habría pagado conforme a una suerte de «progreso decadente». Una bancarrota espiritual que el «progreso» no compensaría y que, rastreable a todos los niveles, resultará especialmente lacerante en la generación de sujetos sin apenas centro ni gobierno interior. Sujetos neurotizados, anestesiados, fanatizados, alienados, envilecidos o idiotizados, en una sociedad inorgánica y atomizada, de escaso discernimiento y gran debilidad emocional. Una sociedad que deja inerme al sujeto frente a sí mismo y sus neurosis, y que parecerá abocar a una vida de bajísimas expectativas espirituales y, sin embargo, fijación obsesiva en todo lo meramente material, cuantitativo, instrumental, accesorio, pulsional, emocional, instintivo, subjetivo o prepersonal. Y es que la sociedad moderna se caracterizará por no dotar al sujeto de herramientas espirituales y disciplinas para construirse auténticamente como «Persona». Siendo entonces que quedará abocado fácilmente a la propia estupidez, inseguridad, miedo, apegos, ofuscación o bajeza de su mera individualidad condicionada y existencial.

Y precisamente, frente a ese peligro de no llegar a construirnos auténticamente como «Personas», de ser víctimas de nuestra propia «debilidad», se constituía lo más fundamental de la Tradición Sapiencial...

*

Para el mundo de la Tradición, para la *Sophia Perennis*, el Hombre está llamado a ser Libre. Y decimos «Libre» en el sentido de no ser un producto alienado de su propia ignorancia u ofuscación, apego y temor, de su mero yo fenomenológico o egoidad. Está llamado así a «liberarse de sí mismo», para poder llegar a ser «sí mismo», para poder llegar a ser quien «realmente Es». La Tradición se configura de este modo y en gran medida como vía y disciplina de «autoconocimiento y liberación». De esclarecimiento y conquista interior. A partir de aquí, los Hombres auténticamente libres, tampoco podrán ser producto de alguna otra cosa o proceso que se les sobreponga; léase aquí la economía, la clase social, las pulsiones, el medio natural o la inercia histórica... Siendo entonces sus circunstancias de toda índole, el mero «soporte material» desde el cual recorrer el arduo «camino vertical», de elevación anagógica y supraindividual de la personalidad, hacia el conocimiento y señorío de sí, hacia la *Aristeía* y la *Autárkeia*, hacia la «liberación» interior en el plano del Ser, respecto del plano del mero devenir. De la dimensión de la aseidad sobre la mera contingencia...

El Hombre no sería así un mero agregado de vida biológica y psiquismo, un mero ente horizontal de la realidad fenoménica, atrapado en el *Samsara* de la simple vida y la simple muerte, del estado de carencia, apego y temor, y de la mente que no cesa y no sabe de su «Centro»... Muy al contrario, en su interior habría un núcleo «extra samsárico», Incondicionado, principio de Consciencia, aseidad y liberación, «autoluminoso», inmutable e invulnerable, «chispa divina», «llama del Espíritu Santo», que en estado de potencia aguarda, para conforme a la correspondiente *Areté* y *Áskesis*, ser «despertado»...

Más allá así del «yo opaco» de la egoidad, embotellado en su pura individualidad fenoménica, en su psiquismo y su emotividad, ajeno e incluso refractario a «la luz» del *Nous* y su dimensión de Consciencia y *Logos*, habría la posibilidad de un «Yo esencial», de un «sujeto trascendente», «central y supraindividual», alineado con dicho *Nous* y *Logos*, y fruto de una ardua *Áskesis* o disciplina espiritual, que descondicionado y liberado de dicha «opacidad», es el argumento mismo de la cosmovisión tradicional. Y, por ende, el principio fundamental de toda verdadera autoridad, jerarquía y orden personal y colectivo.

Nous y *Logos*, Consciencia supramental, discernimiento, esclarecimiento, y «estado de presencia». Eje vertebrador de la personalidad del sujeto «descondicionado». «Central y Vertical». Supraindividual y anagógico. Señor de sí y de la *Autárkeia*. Dimensión del Ser, de la aseidad, sobre el plano del mero devenir. Consciencia de Trascendencia inmanente frente al estado de *Avidya*, de «ignorancia espiritual», de mero individuo, fenoménico y existencial. De mera egoidad. Del «paria del alma». Del «sujeto samsárico», del sujeto de la carencia, el apego y el temor. Del Hombre del Kali Yuga...

El «Centro y la Vertical» como presencia así de la dimensión de la aseidad en el alma humana, y lugar y escala ontológica propia del Hombre. Del «Hombre verdadero». Del que se ha diferenciado del estado de «caída», de «carencia», de «ignorancia», de «opacidad», de «medio hacer» y «des-Gracia», y que ha alcanzado por el contrario la plena posesión de su naturaleza más íntima y central. Espiritual y vertical. Inafectada y libre. Presencia actualizada de la «Gracia del Espíritu Santo», «suficiente y eficiente», dentro de sí. Como esencia radical del ser humano. Como su más verdadera identidad, motor y sentido. Que debe ser desvelada y hecha presente «más allá de nuestra naturaleza caída» y que nos impele así a hacer de la disciplina, de la *Areté* y la *Áskesis*, del autoconocimiento y la liberación, de la «salvación del alma», el argumento primero de la vida humana. Y desde ahí, todo lo demás...

*

Y ese es el «Guerrero Espiritual», y efectivamente la vida moderna, es la subversión de todo esto y de dicho argumento. La tramoya y horizonte de la Modernidad no es otra así que la «subversión del *Arya Dharma*». Subversión en nombre de la «tentación luciferina» que contrapone a la consigna evangélica de la «Verdad os hará libres», la consigna subversiva de la «libertad os hará verdaderos». El resultado es la civilización neurótica, psicológicamente lesionada, patógena, antinatural y literalmente cancerígena, del nihilismo posmoderno. El mundo «patas arriba» que tenemos hoy día, en el que hasta los ciclos de luz, de noche y día, de sol y luna, de invierno y verano, frío y calor, se ven trastocados en ritmos de existencia anticircadianos, apremiados e insomnes, que no son sino el reflejo material de un desorden espiritual de fondo. Un desorden en el que toda armonización y alineamiento con el Dharma ha sido obviado o rechazado en nombre de algún horizonte ilusorio de bienestar moderno, meramente subjetivo y cuantitativo, que no es sino en realidad alienación y nihilismo...

*

Ciertamente no tiene ningún sentido renunciar a los logros científicos y tecnológicos del mundo moderno, y menos aún tiene ningún sentido glorificar el pasado y querer irse a «vivir a las ruinas», pero es loable querer superar las «patologías» de la Modernidad y dejar de vivir de espaldas a la idea de Verdad y a la idea de Trascendencia. Incluso a la propia de idea de «Orden Natural». Y aquí entonces sí, la inspiración y recuerdo que las «ruinas del pasado» nos generan pueden ser fuente de auténtica disidencia. Pues en ellas se atesora aquello que el mundo de la tradición tuvo de Perenne. De *Sophia Perennis*. Aquello que tuvo de «Eterno y Universal» y, por ende, siempre actualizable. De argumento insoslayable y siempre presente en la vida humana, y que la cosmovisión tradicional en su esencia sapiencial nunca dejó de señalar. En este sentido, la Tradición Sapiencial y frente a la Modernidad y sus desafueros, nihilismo y alienación, se convierte en la más potente palanca de verdadera contestación y revolución que podamos encontrar. Si es que «Revolución» significa precisamente eso: volver a la raíz, volver al origen...

*

Es desde estas coordenadas que es posible plantear una auténtica rebelión y contra la que el nihilismo de la Modernidad puede ser realmente dejado atrás, sembrándose la semilla de un nuevo ciclo histórico y espiritual para Europa. Un ciclo en el que, conforme a un renovado horizonte de Trascendencia, un Hombre regenerado, fortalecido y «conquistador de sí mismo», un tipo humano antitético al de la posmodernidad, se convertirá en el *leitmotiv* de nuestra civilización.

La propia lucha y confrontación contra el «espíritu moderno», en nosotros mismos y en todo lo que hacemos, y desde la asunción del carácter escatológico de nuestro tiempo, de Kali Yuga y «Babilonia», de «Tierra Baldía» y necesidad entonces de «forja a la intemperie», se convierte así en renovada oportunidad para una nueva *Aristeía*, para unos nuevos *Aristoi*. Una «nueva nobleza» y actualizada *Areté* que tendrá en la conquista de sí mismos y en la liberación respecto de la propia ignorancia y debilidad, el fundamento de su condición de «Señores» y su principio de liderazgo. Un tipo humano que se prepara y siembra ya mismo, sin esperar más, y que es anuncio y vanguardia del fin del ciclo moderno. Avanzando la caída de este, con su propia presencia en medio del *Adharma* de nuestro tiempo...

Ese es el lugar del Guerrero Espiritual en el Kali Yuga. Ese es el lugar de la «tradición revolucionaria» frente a la decadencia y absurdo de la posmodernidad. Esa es la vía que debe ser recorrida, la espada que debe ser forjada y la llamada que debe ser proferida. A la «intemperie», en «un mundo en ruinas» cubierto de «sombras babilónicas» de necedad posmoderna y ofuscación del alma. De mundo enloquecido en el que la salud mental va camino de ser un lujo y la paz del alma una rareza. Frente al «último hombre», la forja del «Primero»...

EL ARGUMENTO DE LA VIDA Y EL GUERRERO ESPIRITUAL

La recta comprensión de qué cosa es el alma humana y de qué cosa es el Espíritu será fundamental para una auténtica restauración y forja de ese «Hombre Primero» frente al tipo humano de «la era del paria», frente al tipo humano del globalismo, la deconstrucción y la posmodernidad. Tipo humano al que hemos llamado también «el último hombre»...

En este sentido es fundamental entender que en la cosmovisión tradicional, el Hombre es un compuesto de cuerpo, alma y Espíritu. Siendo el cuerpo la parte inferior de orden puramente fisiológico, el alma la parte intermedia de orden puramente mental, psíquico y emocional, y el Espíritu la parte superior o «central» y de orden auténticamente intelectivo. Entendido aquí dicho Intelecto y, en primer lugar, en el sentido de una Consciencia supramental y, por ende, discernimiento esclarecido, que en estado de potencia, anida en el ser humano y debe actualizarse y hacerse presente, para dar cumplida realización a la más alta posibilidad liberatoria y comprensión profunda de la existencia humana. Siendo a través efectivamente de la correspondiente *Áskesis*, que dicha posibilidad y comprensión pueden cumplirse. Aquí el *Nous* y *Logos* de la antigua Grecia, y el *Buddhi* y Viveka del *Sanatana Dharma*, nos señalan esa presencia y potencia de «chispa divina» en el interior del Hombre, que puede y debe avivarse y hacerse nuestra, para ir precisamente «más allá de nosotros mismos». De todo lo que en nosotros es nuestro yo meramente fenoménico y existencial: meramente psíquico, emocional, discursivo, subjetivo, e individual, y de toda su contingencia y estado de carencia. También de toda su dimensión subpersonal y pulsional. Alcanzando y dando cumplida realización a nuestro «Yo supraindividual», «central y vertical», esencial, radical e Incondicionado. Libre de todo temor y apego. Pleno de Consciencia, discernimiento y presencia. *Autárkeia* y *Aristeía* de la tradición clásica europea, fruto final del proceso de «forja interior», autoconocimiento, esclarecimiento, descondicionamiento y liberación, conquista de sí, que pregona el mundo de la *Sophia Perennis* y que da lugar a los *Aristoi* y galvaniza en nosotros el *Hegemonikón*. Forja así de los Hombres que lo son de verdad y no a medias. Que lo son de verdad porque son «señores de sí». Auténticamente libres, por haberse liberado de «sí mismos»...

*

El fin supremo de la vida humana, entonces, como el arduo proceso que a través del autoconocimiento nos libera de «nosotros mismos» para, paradójicamente, conducirnos a quien «realmente somos» y, entonces sí, articular jerárquicamente en una vertical anagógica la personalidad. Desde los estadios del Ser, a la dimensión inferior del mero devenir. Y desde ahí, todo lo demás...

La consigna neoplatónica de «conviértete en quien eres» y «llega a ser quien estás llamado a ser», y el «conócete a ti mismo» de Apolo en su santuario de Delfos, y el «largo viaje de Odiseo» de regreso a casa y «reconquista» de su patria. Las enseñanzas de la Tradición, en los Vedas y en Krishna mostrando a Arjuna «la vía del Guerrero», y en Homero y la *Odisea* y en Apolo en Delfos. De Oriente a Occidente, el arco indoeuropeo. Pero también en la tradición cristiana y su «buscad el Reino de Dios y su justicia; lo demás se os da por añadidura» (Mateo 6, 24-34), y luego en Lucas 17, 20-25: «El Reino de Dios está dentro de vosotros»... Principios evangélicos después reformulados en la Edad Media en clave marcial y heroica en el maravilloso «Elogio a la Nueva Milicia» de san Bernardo de Claraval y su llamada a la «caballería espiritual»: «Ni la muerte ni la vida os podrán separar del amor de Dios» (...) «vivamos o muramos, somos de Dios»...

La Tradición así en su esencia sapiencial como llamada y vía a la verticalidad, centralidad y elevación ontológica y supraindividual de la personalidad. En Consciencia, estado de presencia, lucidez, claridad, desapego, calma profunda, ausencia total de temor y acción pura, recta y absoluta. Sin residuo del «yo inferior» y condicionado que hemos purgado mediante la correspondiente *Áskesis/Sadhana* hasta dejar atrás... En todas las cosas y para todas las cosas. Sin cejar. Convirtiendo toda experiencia de vida, «buena, mala, o regular», en posibilidad de forja y trabajo interior. De «crecimiento anagógico» y comprensión y discernimiento respecto de nosotros mismos. De nuestra pequeña alma individual todavía condicionada, y, por ende, de la de los demás. Y a partir de ahí la ordenación y jerarquía propia y natural que la vía de la Tradición entonces nos señala. Y aquí desde dicha jerarquía y los correspondientes estadios más elevados de la personalidad, tanto el reconocimiento del Maestro como el deber inexcusable para quien está ascendiendo por la misma escala que nosotros y puede necesitar nuestra ayuda, como incluso para quien permanece ignorante en el plano horizontal de la nube de la mera individualidad y, como tal, debe ser en realidad tanto entendido y comprendido, como convenientemente tratado.

Dicho «Espíritu», dicha parte superior del «compuesto humano», es así considerada desde las coordenadas de la cosmovisión tradicional, como la posibilidad inserta en el centro mismo del alma, para alcanzar a través de la correspondiente enseñanza, forja y disciplina, un estado de plena Consciencia, presencia y liberación. De total y absoluta aseidad. De dimensión del Ser, en el plano contingente del devenir.

Y más allá de sus distintas formas, expresiones, variantes, herramientas y modulaciones, dicho «Espíritu», argumento y vía, dicha «Trascendencia inmanente» es la estructura de fondo de la vida humana y el sentido que sostiene el despliegue cósmico universal. Para eso en primer lugar estamos aquí... Y todo lo demás viene después, y es desde ahí que están llamadas a ordenarse y jerarquizarse todas las cosas.

El Espíritu es así lo Importante. Lo demás, lo necesario...

*

En la tradición esotérica, los procesos de realización espiritual han sido llamados de «Iniciación». Señalándose entonces, y lo comentamos muy *grosso modo*, que la «Iniciación» supondrá el proceso y vía a través del cual el eje de la personalidad se eleva gradualmente a la dimensión del Espíritu o aseidad, siendo de este modo que el alma o psique va quedando superada y subordinada a dicha dimensión. Se realiza entonces el plano supraindividual de la personalidad y se trasciende el mero yo fenoménico y condicionado, y se hace manifiesto el «Yo esencial». El estado de «Consciencia, presencia y liberación», estado de «Identidad Suprema», que preconiza el mundo de la Tradición.

Vemos así cómo en el mundo de la Tradición, el alma no deja de ser una instancia intermedia «como entre la luz y la oscuridad» sobre la cual el Espíritu está llamado a establecer su liderazgo y gobierno. Siendo el llamado «camino iniciático», la disciplina y proceso mediante el cual el Espíritu ilumina, ordena y jerarquiza el alma, colocándola bajo su soberanía. El alma queda entonces esclarecida, integrada, unificada y liberada. Y el Iniciado se hace «conquistador de sí mismo» y de su propia existencia. Se hace señor de sí. Alcanza la categoría de *Kýrios*. De «Gobernador de su alma»... Restaura al «rey en su trono», restaura para el «alma caída» en la *Agnoia*, la luz del «Reino del Espíritu»... Sale del estado de postración que le generaba la ignorancia de sí, y cumpliendo el mandato de Apolo en Delfos: «Conócete a ti mismo», alcanza la plenitud de la *Theosis*. De esa «Identidad Suprema», «restauración suprema», «conquista suprema», «conocimiento supremo», que no es sino el argumento central de la cosmovisión tradicional.

*

Frente a la muerte y la contingencia, la idea de Dios y de Trascendencia, pero en nosotros mismos, como la parte más central y raíz de nosotros mismos. Como nuestra fuente primera, nuestro eje, nuestro sostén, nuestra esencia y nuestro destino. E ignorantes de ello, olvidados de ello, o incluso orgullosa y luciferinamente renegados de ello, viven los hombres modernos... Y la alternativa es hacer justo lo contrario. Es someter nuestra vida y persona a la «disciplina que libera» y nos saca de todo «engaño luciferino». Es hacer de dicho «Centro y Vertical» el camino primero a recorrer en nuestras vidas. Más allá de nosotros mismos, para llegar paradójicamente a «nosotros mismos». A lo que realmente somos. Donde ya no cabe ni inquietud ni carencia, ni ofuscación ni miedo, ni temor ni apego. Donde toda *Dukkha* desaparece y se extingue, y la libertad es entonces fruto y continuación directa de la Verdad y no un engaño del ego y nosotros mismos, somos Uno con dicha Verdad. Y donde «Dios y Trascendencia» no son así elucubración teológica, sino experiencia de autoconocimiento. De autocentramiento. De autoluminosidad. De «Identidad Suprema»...

*

Ahora, y para no llamarnos a equívoco y confundirnos con tantas palabras y conceptos «esotéricos o metafísicos», es imprescindible señalar que el Espíritu, la dimensión del Ser, y la *Theosis*, no es ni una efusión emocional y subjetiva respecto de la idea Dios y Trascendencia, ni una elucubración mental y filosófica, discursiva y «escolástica», sobre dicho Dios y dicha Trascendencia. No estamos haciendo referencia con «el retorno del Espíritu» a algo que ideamos sublime y que pareciera así mover, exaltar y mistificar nuestros sentimientos. Tampoco a un razonamiento que por su solidez pudiera convencernos. Estamos haciendo referencia a una Vía... A una disciplina aplicada sobre nosotros mismos y nuestra Consciencia, que conforme asienta en nuestra personalidad una mirada cada vez más lúcida y despierta, desafectada y descondicionada, respecto de nuestro propio campo mental y psiquismo, más abunda en nosotros una experiencia y presencia de Unidad. De centralidad. De verticalidad. De identidad primera e inmutable, «autoluminosa», incondicionada y perenne. De invulnerabilidad interior. De aseidad. De un principio y fuente inagotable de «Luz y Calor»... Un «yo esencial, supraindividual y universal» del cual nuestro campo mental y soporte material, psicofísico y emocional, no es sino «vehículo y herramienta», plataforma y oportunidad... También y para quien vive en la ignorancia espiritual, velo y engaño que tapa y «entierra»...

El «Guerrero Espiritual» hace así referencia una Consciencia y comprensión que no es ni sentimental ni discursiva, y que es fruto de una disciplina en la que nuestra propia mente e individualidad, nuestro yo fenoménico y egoidad, son utilizados y a su vez trascendidos, para galvanizar la personalidad en una dimensión de aseidad. De elevación ontológica. De lucidez y claridad supraindividual. De «Ser en el devenir». De «Centro en la espiral». De hacer de la propia experiencia de la existencia terrenal, ocasión de Consciencia «extrasamsárica» y liberada. En el mundo y a través de la propia experiencia de la vida y el mundo. En la prueba definitiva «del Héroe»: de la ignorancia a la comprensión, de la alienación a la liberación, de la confusión a la Verdad. La «Trascendencia Inmanente», consciente y despierta en nosotros mismos, y tras haber estado «dormida y olvidada de sí», en nosotros mismos...

No hay vía que suba más alto.

No hay límite superior ni cumbre más alta.

La vida misma es toda su peripecia y aventura, se convierte aquí en oportunidad de cultivo perseverante de la «vía vertical». Con una comprensión cada vez más honda y serena. Un discernimiento cada vez más afilado y certero. Un ánimo cada vez más resuelto y un autoconocimiento más presente y cierto. Y un coraje incapaz del desaliento... Es decir, el Espíritu en su sentido eminente y en su fruto más maduro: la sabiduría, la fuerza interior y la libertad que es consecuencia de la Verdad. El Hombre como *Hegemonikón* frente a sí mismo. Como *Kýrios* frente a su propia alma. Liberado de sí, para poder llegar a ser sí mismo...

*

Sin querer alargarnos ni complicar la exposición, la tríada jerárquica de la cosmovisión tradicional respecto del universo y del «compuesto humano», distinguiendo: mundo material, mundo psíquico y mundo espiritual, *soma*, *psyqué* y *noûs*; *corpus*, *anima*, *spiritus*; intuición sensible para el cuerpo, razón/imaginación para lo psíquico y mental, y Consciencia, intelecto puro e intuición trascendental para el Espíritu, es fundamental para incardinarnos en una idea, vía y experiencia completa de lo humano. Incardinarnos en un «argumento vertical» para la existencia humana que nos permita elevarnos anagógicamente por encima de la identificación unilateral con nuestro mero yo fenomenológico, e identificarnos por el contrario con ese «Yo esencial», «mónada interior», «*noûs* y *spiritus*», Consciencia supramental e intelecto puro, que «ilumina el alma» o *psyqué*, y disipa la ignorancia espiritual. La confusión y olvido de sí… Que vence así a la propia alienación, apego y temor, fruto de dicha ignorancia. Que nos «libera» en mor del conocimiento y experiencia de la Verdad.

*

«La Verdad os hará libres» de la consigna evangélica, el «conócete a ti mismo y conocerás a los dioses y al universo» del oráculo de Apolo en Delfos. La mónada interior, «invicta y plena», que decían los neoplatónicos, y que es nuestro «Centro Supremo», y cuya consecución es «lo Importante», siendo desde ahí que se ubica en su lugar lo meramente necesario. Convirtiéndose de este modo en principio de toda autoridad, jerarquía y orden verdaderos, en nosotros mismos y en la sociedad, y siendo que en ausencia de ella, el Hombre se aboca a los estados de carencia, inquietud, inconsciencia e ignorancia de sí. Y que en presencia de ella, el Hombre, por el contrario, despierta a la Consciencia, presencia, calma profunda, aseidad y conocimiento de sí…

Mónada «invicta y plena que es una con el Uno» que decía Plotino y que nos impele a hacer de la vida *Áskesis* y *Areté*, ideal de *Aristeía*. La vida así como Sadhana. La vida vivida así como *Arya Dharma*…

*

Dicho todo lo anterior, recordar y tener presente que todos los hombres y mujeres de este mundo se enfrentan, lo sepan o no, al mismo dilema y lucha, a la misma alienación y anhelo de libertad, a la misma situación de ignorancia y confusión, y que esto moverá entonces al «Guerrero Espiritual» y cuando así corresponda, a ayudar, acompañar, apoyar y perdonar a los demás, que así la vida vaya haciendo encontrar en su camino como parte fundamental de su propio proceso espiritual. Debiendo también, y en consecuencia, saber hacer comunidad y ordenar la vida en sociedad, conforme al mismo principio y las correspondientes jerarquías, organicidad y liderazgo.

En este sentido, tanto la vulnerabilidad, la fragilidad interior y la inseguridad, como el falso orgullo, la arrogancia y la soberbia, como la necedad, la estupidez, la vulgaridad y la estulticia, como la inanidad, la mera mundanidad, prosaísmo y mediocridad espiritual, como el vicio, la malevolencia y la bajeza, son todo ello fruto de la ignorancia de nosotros mismos, de la ausencia de centramiento y aseidad. Del vivir «tapados» respecto de nuestro «Yo esencial» y estar en ignorancia y alienación. Del vivir a medias y en confusión respecto a nuestra propia identidad primera y fundamental. Del vivir débiles interiormente e inconscientes de nosotros mismos. Mezclados y confundidos, sin centro ni eje, en el mero burbujear de nuestro psiquismo y campo mental.

El argumento de la vida queda así establecido no en torno a la simple prosperidad material, la estabilidad sentimental, el poder político o económico o el hedonismo sin más, sino que todo ello queda recogido, orbitado, ordenado y jerárquicamente establecido, en torno al cultivo del Espíritu y la forja de nuestro señorío interior y libertad. En términos religiosos diríamos en torno a la «salvación de nuestra alma». Siendo «el Amor» ese ayudarnos los unos a los otros a recorrer ese mismo camino y «hacer comunidad», conforme a ese mismo principio. Desde esa misma Consciencia.

Todo ello en una vía y proceso arduo de esfuerzo, fatigas, disciplina, rectitud y perseverancia. De *Áskesis* y *Areté*. De sobreponernos una y otra vez a nuestra propia estupidez y de seguir con determinación, alegría y humildad. No rindiéndonos jamás. Como auténticos Guerreros. Conscientes de que ninguna otra vida es más plena, enriquecedora, liberadora y feliz. Convencidos de que ninguna otra vida es digna de ser considerada verdadera vida…

EL ESPÍRITU, LA NATURALEZA Y EL UNIVERSO

En el mundo de la Tradición, en la cosmovisión tradicional que aquí venimos señalando, la naturaleza y el universo no serán un mero mecano de fuerzas ciegas y puramente materiales, carentes de sentido y espiritualmente inertes. Un escenario de mero despliegue mecanicista sin más significación que la puramente material. Muy al contrario, en la Tradición Sapiencial, el «mundo natural» será entendido como reflejo o proyección del «mundo Sobrenatural» o «Reino del Espíritu». Reino que por medio de su irradiación, emanación y sobreabundancia de sí, será el «*Logos* Divino», será la «Luz de lo Alto», que sostendrá y ordenará todas las cosas y hará surgir «un Cosmos» «donde solo había caos»…

El Principio Supremo y la manifestación universal. El centro radiante y la radiación. El centro y eje, y la circunferencia en torno suyo, en movimiento. El motor inmóvil aristotélico, el centro de la esvástica y de las ruedas solares, y sus brazos en perpetuo movimiento, en infinito proceso, siempre renovado, de generación, sostenimiento y destrucción… El plano del Ser y el plano del devenir. *Purusha* y *Prakriti*, el Espíritu y la materia y energía primordial, tal como nos enseña el *Sanatana Dharma*. Unidos y entrelazados desde toda la eternidad…

El universo y la naturaleza serán considerados a partir de aquí como un todo ordenado y dotado de alma, emanado y en continuidad ontológica, pero inferioridad jerárquica, respecto del Principio Supremo. Como el mismo sol y sus rayos y radiación. Un todo ordenado dotado de un «alma universal» o Anima mundi que hará de los bosques, los ríos, los desiertos, la ventisca o el océano, «más un alguien, que un algo». Adquiriendo entonces los fenómenos naturales, una relevante lectura simbólica y espiritual. Cuerpo viviente y material del principio eterno e inmaterial. Despliegue en el devenir de la emanación del Ser. *Anima Mundi* como irradiación del *Topos Uranus*. La naturaleza y el universo, y como venimos diciendo, como expresión viva de un centro radiante y metafísico, del que el cosmos entero en sus infinitos ciclos es manifestación, cuerpo y movimiento perpetuo.

Radiación en continuidad ontológica con el centro supremo. Centro supremo, pleno e inmóvil, «Sol eterno», que no es sino nuestro propio Centro…

En este sentido en el pensamiento tradicional, igual que existe un alma individual que anima al ser humano, existirá también un alma universal que anima la naturaleza. En palabras de Platón: «Este mundo es, de hecho, un ser viviente dotado con alma e inteligencia (…) una entidad única y tangible que contiene, a su vez, a todos los seres vivientes del universo, los cuales por naturaleza propia están todos interconectados» (Timeo 29, 30).

Obviamente será a partir de aquí que encontraremos esa concepción tradicional del mundo natural como hierofanía, como un escenario de teúrgia, como un «escenario encantado», dotado de sentido, simbolismo y significado espiritual. Escenario en el que el reino de lo terrenal y el reino de lo numinoso se dan así la mano, y lo real es tan mágico como lo mágico real… Del mismo modo que será a partir de aquí que se planteará que en la medida en la que en el ser humano el *Logos* no es solo un elemento agente que ordena y da forma «desde fuera», sino que es también la esencia e identidad profunda y primera del Hombre, este estará llamado a capitanear «la Creación». En virtud de dicha esencia espiritual y *Logos*, hacerse tanto «capitán de sí mismo» como paladín de la Creación. Yendo una cosa en relación con la otra, tanto en lo relativo al cumplimiento de dicha vocación y destino. Como en lo relativo al mal logro y olvido de tan alta misión y encomienda. De vida de espaldas a la dimensión espiritual del cosmos y la naturaleza.

*

Estaríamos ya aquí en presencia de ideas cardinales para toda auténtica cosmovisión tradicional del mundo, la vida, la naturaleza y el Hombre. Esto es, el plano natural y material donde se desarrolla la existencia humana, como emanación de un plano superior, metafísico, «celestial», sobrenatural e inmutable, plano del Ser, que, sede de las «Esencias Inmortales», será origen, sostén y fundamento de toda la realidad natural. Realidad natural que se mantiene en continuidad ontológica con su «fuente espiritual», que a través del Hombre y el cultivo que haga este de la *Areté*, realiza en plenitud la Consciencia y posibilidad de dicha «trascendencia inmanente», y que a partir de aquí contempla el mundo natural y el universo, en toda su magnitud, movimiento y grandeza, como el «cuerpo vivo y manifiesto de Dios». Como una hierofanía y, por ende, como una realidad «espiritualmente viva» y dotada de alma. Un «alma universal» o *Anima Mundi* que traslada a la naturaleza y al universo a una «condición de sujeto» y no de mero objeto. De sujeto cuyo simbolismo y significado será soporte de comprensión y enseñanza para la existencia humana, tanto en lo mundano como en lo espiritual.

Y aquí, como clave de bóveda de toda esta «panorámica metafísica» de la cosmovisión tradicional y premoderna, la idea de que el ser humano, en virtud del *Logos* que lleva en su interior y que es el rasgo definitorio de su ser (*Imago Dei*: «Hecho a imagen y semejanza de Dios»), estará llamado a ser el «Rey de la Creación». Es decir, en él se podrá trascender el carácter condicionado del plano de lo meramente natural y por medio del cultivo y ejercicio del *Logos*, alcanzar ese *Nous* o Consciencia profunda y gobierno de sí, y comprensión del mundo y su naturaleza, que lo hacen llamado a esa función que hemos señalado antes, de «paladín de la Creación»...

Se establece de este modo una suerte de analogía entre la «estructura espiritual» del Hombre y la estructura espiritual del Universo. Y a la existencia de un alma humana, le corresponderá la existencia de un alma de los bosques, los árboles, los ríos, las montañas, los animales, las rocas, las nubes o el sol... De la tradición céltica del Sidhe y lo feérico, a los Devas del antiguo hinduismo, pasando por las leyendas de la Grecia clásica sobre las ninfas de Arcadia, esa misma comprensión del mundo de la Tradición, con distintos rostros poéticos y míticos.

Un «alma del Mundo» con la que será posible una comunicación, profunda y fértil, así como una armonía. Armonía que debe ser respetada, mantenida, restablecida, propiciada, defendida y cultivada, so pena de arruinar el Mundo y abocar al mismo Hombre a la autodestrucción. Se buscará de este modo que las fuerzas sutiles que engarzan el *Anima Mundi* y el ser humano estén en sintonía, formándose un conjunto armonioso y jerárquico, donde cada uno ocuparía su lugar. Correspondiéndole al ser humano la responsabilidad del conocimiento, provecho y cuidado del mundo natural. Esto en virtud de ese *Logos* que en el Hombre no es solo, por decirlo así, «elemento externo o agente», sino que además es esencia e identidad primera. Obviamente del descuido, desviación, u olvido de esta responsabilidad, devendrá devastación y ruina para el planeta y para la propia humanidad. Que podría generar una civilización «adharmica» rica quizás en apariencia, pero enferma por dentro, literalmente inflamada y cancerígena para con nosotros mismos.

El ser humano estará así llamado a ser caballero del «Reino del Espíritu» en la Tierra. Luchando primero por la «liberación» y gobierno de sí mismo, más allá de las usurpaciones de la ignorancia, el temor, el apego, la necedad, el desvarío o la bajeza. Pero luchando también por el mantenimiento del «dharma universal», del orden natural, del orden del Ser y la verdad de las cosas, más allá de todo criterio de mera subjetividad individual, interés de parte, abuso y desconsideración, o desorden y malevolencia. Siendo obviamente esta idea, continuación y reflejo de esa distinción que hemos indicado anteriormente, entre lo Importante, «argumento vertical» de la existencia humana; y lo meramente necesario, «argumento horizontal» de esa misma existencia...

*

Por otra parte, retomando la idea de la cualidad «intermedia» del alma humana, esta misma cualidad tendrá su debida correspondencia en el *Anima Mundi* o «Alma del Mundo», para la cual también se tendrá presente una jerarquización y discriminación entre regiones sidéreas y luminosas y regiones inferiores, a veces «daemónicas y tenebrosas». Discriminación ejemplificada en gran manera en numerosas mitologías y leyendas: «Devas y Asuras» de los Vedas, o «Ases, Vanes y Jotuns», de la mitología nórdica. Mundo celestial, mundo natural y mundo ínfero o daemónico que configurarían la estructura del «alma del Mundo» y que, como en el alma Humana, tendrían en la «Luz del Espíritu» instancia de autoridad, jerarquía y orden.

No es desacertado hablar así de una suerte de «Más allá Celestial o Trascendente», objeto y fundamento de la realización espiritual. Así como de un «Más allá Telúrico o inmanente», que sería el *Anima Mundi* del que venimos hablando, y al que correspondería esa concepción «mágica» e incluso «feérica» de la naturaleza, tan propia del mundo de la Tradición. En este sentido y en gran medida, nos encontraremos con que los mitos, leyendas, folclore y tradiciones de ese mundo de la Tradición, recogerán efectivamente con el lenguaje del símbolo y de lo poético, los conceptos e ideas que aquí estamos planteando respecto del universo y la naturaleza.

Por otra parte, no debemos pensar que la idea de un *Anima Mundi* conduce necesariamente a una suerte de «panteísmo inmanentista», ajeno a una verdadera idea de trascendencia. Del mismo modo que la idea de trascendencia, de un *Topos Uranus*, no debe llevarnos a pensar en una realidad natural meramente material y mecánica, alejada del Espíritu, carente de alma y simple escenario contingente de la vida humana.

Los conceptos de *Purusha* y *Prakriti* del *Sanatana Dharma* y su relación de compenetración jerárquica, de entrelazamiento generativo de «Espíritu y naturaleza», o de Shiva y Shakti también en el hinduismo, y el potencial de hierofanía esclarecedora de su interrelación, nos dan claves para comprender en términos y concepciones de la Tradición Sapiencial lo que venimos comentando.

En este sentido, si «Cuerpo, Alma y Espíritu», Noûs, Psyqué y Soma configurarían la estructura del Hombre, también configurarían la estructura del mundo que lo rodea. Siendo en dicha estructura donde deberemos ubicar el *Anima Mundi* y la correspondiente concepción espiritual y simbolismo de la naturaleza y el universo.

Muchas veces, por desgracia, nos encontraremos, sin embargo, con planteamientos para los que los vínculos espirituales de nuestros antepasados paganos para con la naturaleza no dejarían de ser la manifestación de una suerte de «panteísmo inmanentista» adornado con imágenes poéticas y mistificaciones en torno a la naturaleza y sus ciclos. Una concepción así en el fondo antimetafísica, de mero culto a la naturaleza en cuanto a preocupación casi meramente material y contingente, respecto de las cosechas, la fertilidad de los campos y los animales, las lluvias, las tormentas o la caza.

Como si todo el «universo mágico», toda la hierofanía y teúrgia en torno al mundo natural, surgidos de siglos de tradición pagana, más allá de sus «vestiduras» mistificadoras, no escondiese sino una visión llana, horizontal, materialista, y, en definitiva, prosaica, de la naturaleza. Una visión de orden meramente cuantitativo e incluso puramente económico o a lo más, una preocupación por la salud y la perpetuación de la progenie, y como si a la hora de la verdad, no fuera posible encontrar una auténtica concepción «trascendente» del mundo y la vida en dichas creencias paganas sobre el mundo natural. Siendo estas una mera «técnica» primitiva y eventualmente supersticiosa, para asegurar el sustento económico, la salud y la progenie, sin mayor trasfondo espiritual y metafísico. Obviamente nosotros no nos movemos para nada en ese ámbito explicativo… En ese neopaganismo moderno, puramente inmanentista y antimetafísico, que no tiene nada que ver con el paganismo histórico. De Platón a las Upanishads. De la *Odisea* al *Cantar de la Volva*. De los himnos del Rig-veda a los himnos de Homero y a la «intuición cosmoteándrica» que los alienta: el Hombre no es sin lo cósmico, lo cósmico no es sin Theos, y *Theos* entonces también es en el Hombre…

Bueno será así en esta mirada a la relación del Hombre con el mundo natural y el propio universo que lo rodea desde las coordenadas de la Tradición Sapiencial, no caer en ese error y desviación moderna del neopaganismo y su panteísmo inmanentista. Desviación muy propia de según qué foros, y que no deja de ser otra manifestación más de la *Avidya* contemporánea.

Otra manifestación más de la subversión moderna. Tan errada, por otra parte, como la de que quien en nombre de una determinada tradición religiosa, como pueda serlo el islam, afirmara un abismo ontológico entre «Dios y el Mundo», un hiato insalvable entre «Creador y criatura». Error este absolutamente clave para entender el monoteísmo unilateral, el rigorismo religioso y el puritanismo. Que no son sino otra forma más de Kali Yuga... Lo veremos más adelante.

*

En definitiva, la Tradición entendida en su sentido eminente, es la cosmovisión de una «trascendencia inmanente», en la que el mundo natural y el universo entero, el cosmos infinito, es emanación y manifestación del «Centro Eterno y Supremo». Manifestación en perpetuo movimiento cíclico en torno al eje inmóvil de dicho Centro, y en la que toda ella podrá ser símbolo y señal, hierofanía de la vía a dicho «Centro Supremo». Siendo el Hombre quien en virtud del *Nous* y el cultivo de la correspondiente *Aristeía*, puede despertar en su Consciencia a dicho «Centro y Trascendencia» y «Espíritu-en-lo-mutable». Realizar en sí mismo esa «trascendencia inmanente» y dimensión de aseidad en la manifestación y el devenir, y alcanzar la plenitud y libertad de la «Identidad Suprema»: el *Tat Tvam Asi* del *Sanatana Dharma*.

Y ese es el lugar espiritual de la naturaleza y el universo y el argumento mismo de la vida humana en la cosmovisión tradicional. Y por supuesto la Modernidad estará en las antípodas de todo esto y se despliega a la contra de todo esto en la estrechez de su materialismo positivista, pero también lo estará el nihilismo religioso de los «obsesos de Dios» del monoteísmo unilateral, puritano e integrista, en el que no cabe la *Theosis* y el universo «está vacío» y es «desierto», así como en ese neopaganismo contemporáneo tantas veces mal enfocado, y su panteísmo antimetafísico, que no deja de ser otra forma de materialismo moderno tapado esta vez con mistificaciones espurias de la naturaleza...

LA FORJA DE LOS NUEVOS ARISTOI

Aquel que «haga guardia en la Medianoche del Mundo» sabe que nuestra época ha pagado como precio a su modernidad y «progreso», con el olvido del Espíritu y, por ende, del autoconocimiento en la aseidad y la correspondiente sabiduría y fuerza interior. Dando lugar a una sociedad enferma e inorgánica, de individuos alienados, debilitados, vulgares, confundidos o fanatizados. Una «era del paria» donde el tipo humano por excelencia será el sujeto de la inquietud y la carencia, del temor y el sinsentido, del sofisma y la ideologización de todas las cosas, del alma enferma y la conciencia alienada. Del psiquismo sin brida ni centro... Engañosamente habremos caído en la desviación de comprar el mayor progreso económico técnico y científico de la historia humana, a cambio de la mayor bancarrota espiritual de esa misma historia...

La confrontación del materialismo moderno frente al espiritualismo de la Tradición nos deja así como saldo no ya una civilización de la *Avidya*, de la incomprensión profunda, sino que, además y efectivamente, y como efecto de tal ignorancia, nos conduce al nihilismo y a la debilidad del alma, a «la era del paria», si bien escamoteada con el sueño del progreso y el despliegue de la ciencia y la técnica, que se arrogarán con arrogancia el horizonte de sentido, si bien dicho horizonte no curará el estado de carencia y *Dukkha* y, a lo más, ofrecerá analgésicos de entretenimiento y antidepresivos para sortear la ansiedad...

En este sentido, y aunque del «mundo de la Tradición» ya solo nos queden ruinas del pasado, aquel que «hace guardia» en esta medianoche del mundo por la que transitamos, también sabe que aquello que tiene de realmente valioso el mundo de la Tradición es, precisamente, lo que tiene de perenne y sapiencial, y no su mera manifestación histórica y contingente en una determinada época o civilización. Siendo entonces que para quien sepa buscar esa «Vertical suprahistórica», ese «centro radiante» y «manantial perenne», mismamente inspirado por dichas ruinas del pasado, podrá encontrar las «perlas autoluminosas del oro filosofal» que decían los alquimistas... Perlas que son esclarecimiento, fuerza, comprensión, autorreconocimiento, orientación, vía y simiente, para una renovada y auténtica revolución. Si es que «revolución» puede significar algo más que «libre mercado», «lucha de clases» o «reivindicación nacionalista», y puede hacer entonces honor a su verdadero significado: «Retorno al Origen».

Lo que está en juego así en el reencuentro con la *Sophia Perennis* y el regreso de la «Religión Eterna», no es cosa menor, es la regeneración misma del Hombre a través del reencuentro con su fuente y sostén primero. «Central y Vertical». Regeneración que supone pasar de la ignorancia de sí, al autoconocimiento. De la ofuscación y la desorientación, al cumplimiento del mandato de Apolo en Delfos. Del paria al *Aristoi.* Del plomo opaco al oro luminoso. De la inquietud, apego, carencia y temor a la aseidad del *Hegemonikón.* De la poshumanidad, mutante y deconstruida, al tipo humano integral de la *Areté.* Del psiquismo desembridado a la Consciencia y el *Nous.* Del desorden inorgánico, las jerarquías subvertidas, las sociedades patógenas y el caos sistematizado del engaño luciferino de la Modernidad a «la Verdad os hará libres» de la tradición cristiana...

«Yo y el Padre somos Uno», dice Cristo en los Evangelios. Y por decir eso los fariseos lo condenan a muerte... «Buscad el Reino de Dios y su justicia, lo demás se os dará por añadidura» y «el reino de Dios está dentro de vosotros»... «Es como un grano de mostaza, la más pequeña de las semillas. Pero cuando crece se hace un árbol y las aves vienen y anidan en sus ramas»... Palabras de Cristo que son mensaje y resonancia directa con la más alta concepción de la *Religio Perennis.* Con la «Religión Eterna»... Que no es sino el antagonista total y sin remisión a la civilización de la poshumanidad...

El reencuentro, autorreconocimiento y actualización, en la *Religio Perennis*, es así volver al argumento primero de la vida humana y desde ahí a la autoridad, jerarquía y orden, en el alma y en el Mundo... Es volver a reconocer y diferenciar, jerarquizar y ordenar, lo Importante respecto de lo meramente necesario y desde ahí, afrontar la propia vida... Es volver así a dar sentido y significado espiritual a la existencia humana y las cosas de esta vida, grandes y pequeñas, y volver entonces a ordenarlas todas en su justo lugar. En nuestro corazón, en nuestras sociedades y en nuestro camino. Confrontando desde aquí sin dudar y sin cejar, el desorden, disparate y subversión de la civilización del nihilismo y la decadencia. La civilización de la posmodernidad, el globalismo y la deconstrucción. Desterrando de la ecuación su fruto maduro y consecuencia última, que no es otra que el «tipo humano de la carencia». El «último hombre». La «era del paria». La poshumanidad…

La dirección así es justo la contraria a la de los tiempos que corren, y «la forja del Guerrero Espiritual en la medianoche del Mundo» es entonces la antítesis total a la poshumanidad y su demencia. Es el sujeto revolucionario por excelencia contra la decadencia, y el que, por su mero cultivo y presencia, supone la Némesis de la Era Moderna y el anuncio de su caída y derrota.

Es entonces que en dicha «forja del Guerrero Espiritual» nos jugamos mucho… En la realización en nosotros de la *Aristeía*, en la forja de los nuevos *Aristoi*, y su estado de presencia, calma profunda, esclarecimiento espiritual, acción pura, y fuerza interior, nos jugamos mucho… En la consecución de esa «centralidad y verticalidad», de ese señorío y gobierno de nosotros mismos más allá de la ignorancia y el miedo, el temor y el apego, la *Avidya* y la *Dukkha* y por ende, la consecución de la verdadera libertad, la libertad de quien es dueño de sí, nos va en definitiva el ser o no ser…

«El auriga, el carro y los caballos»… imagen paradigmática de la Tradición. De Platón a las Upanishads. La filosofía no como mero pensamiento discursivo y razonante, sino como soteriología anagógica, palingénesis y recuperación de «las alas del alma»… Renacimiento en el «Reino Trascendente», pero aquí… en el mundo. Haciendo del mundo entonces no mero engaño o ilusión, sino palanca de fuerza, plataforma, ocasión y oportunidad, de plenitud… «El vino de la vida», tan dulce como amargo, no ya como un licor de engaño y ofuscación, sino como herramienta para una embriaguez lúcida que nos abre el alma al Reino del Espíritu.

El *Aristoi* entonces como el gobernante y dueño de sus pensamientos y emociones. De su campo mental y soporte psicofísico y emocional. Como aquel que sigue la vía de la elevación supraindividual de la personalidad hacia el ámbito de la aseidad, y más allá de toda inquietud o sensación de carencia. De toda mera individualidad, yo fenomenológico, o egoidad. El que sigue así la vía de la «Religión Eterna» y desde ahí ordena su alma y su existencia. Y desde ahí penetra el mundo y lo hace suyo. Mundo que entonces ya no es ilusión o engaño, sino palanca y oportunidad. Ese es el antídoto contra la Modernidad. La forja de los nuevos *Aristoi*, llamados a poner fin a la civilización de la poshumanidad...

Y esta lucha y argumento de vida nos atañe a todos, seamos conscientes de ello o no. Y una vez sabemos que es así, no nos permite volver a mirar a nuestros semejantes de igual manera. Pues en todos ellos vemos el horizonte de esa misma llamada y batalla, el mismo anhelo muchas veces oculto e inconsciente, de plenitud y libertad. También mayormente el mismo estado de ignorancia, de confusión, de engaño y desviación. De *Avidya* y *Dukkha*.

Y es que nadie puede sustraerse a esta «Gran Guerra Santa» y es solo desde ella que podemos construirnos auténticamente como personas, así como construir sociedades auténticamente justas, orgánicas y de sanas jerarquías. Todo ello en una concepción del mundo en la que el universo y la naturaleza que nos rodean y de los que hacemos parte, ya no serán más un escenario espiritualmente vacío y mecánico sobre el que operan fuerzas ciegas y sin significado. Sino un mundo «auténticamente vivo», «dhármico», dotado de alma y de sentido en el que detrás de cada detalle, grande o pequeño, de la estructura misma del átomo al ciclo solar y los ritmos circadianos, se pueden intuir comprensión y enseñanzas tanto para la ciencia como para el Espíritu...

El potencial espiritual de la existencia humana es inmenso. Mayor que su potencial cuantitativo y material, el cual, en última instancia, siempre estará sometido a la contingencia y el *Samsara*. Y es el olvido de esto, de esta verdad radical, el origen de la regresión humana y civilizatoria que hemos transitado de manera secular hasta finalmente arribar al estado de alienación y postración actuales. Al nihilismo posmoderno que nos asola. Pero es solo nuestra propia necedad, confusión y ofuscación la que nos trae hasta aquí... Es así justamente recorrer el camino inverso el que nos saca de aquí.

«Ser lo que somos y liberarnos de lo que no somos»... Llevar hasta el final esta consigna. Hasta sus últimas consecuencias. Con todo lo que implica. Más allá de toda mera individualidad fenomenológica, existencial, condicionada, y necesariamente carente, caduca y transitoria; la «Mónada Invicta», fractal del Absoluto, autoluminosa e invulnerable. Lo Incondicionado más allá de todo *Samsara*... Ese debe ser el camino del Guerrero Espiritual.

«Quien quiera salvar su vida la perderá. A quien no le importe perderla la salvará», dice Cristo en los Evangelios. Estar conectados con nosotros mismos y con la realidad, estar presentes de verdad en nosotros mismos y en nuestra propia vida, es precisamente ir más allá de nuestra mera individualidad y mero psiquismo y campo mental y su rueda incesante de ideación, identificación, confusión y alienación. Y es sin embargo a esta alienación que la Modernidad, y en engaño luciferino, ha llamado libertad; y a cuya sociedad y civilización, consecuente, ha llamado progreso...

Estamos así hoy día en las antípodas del mandato de Apolo en Delfos: «Conócete a ti mismo y conocerás a los dioses y al universo». Estamos así hoy día en las antípodas de la consigna evangélica: «la Verdad os hará libres». Es por eso que será precisamente por ahí, siguiendo dichas consignas, que se saldrá del atolladero posmoderno.

El mundo moderno se basa en este sentido en «vender el alma al diablo» a cambio de la salvaguarda de nuestra mera egoidad y de acuerdo a un horizonte de progreso utópico cuya parada final es, efectivamente, la demencial distopía de la poshumanidad contemporánea. Era de esperar... Un negocio como el que nos propone el diablo con la subversión luciferina de la Modernidad, no podía ser sino un engaño terrible cuya consecuencia es el paria posmoderno. El Hombre «sin Centro ni Vertical», pero de sobredimensionada individualidad, personal y colectiva, cuya civilización es el disparate actual. La humanidad deconstruida y globalizada, mutante y degenerada, sin una sola verdadera jerarquía, sin un solo principio verdadero de autoridad y orden. La humanidad inorgánica, sistemáticamente caotizada en torno a la economía, la ideología y la técnica, enferma de la mente y del corazón y sumergida en la más burda contingencia. Civilización que nosotros a través del paradigma tradicional del «Guerrero Espiritual», proponemos desde ya, destruir y superar. Haciendo de dicho «Guerrero», de dicho tipo humano de la *Areté* y la *Áskesis*, el sujeto revolucionario por excelencia contra el mundo moderno…

La nueva milicia

EL GUERRERO ESPIRITUAL

La tarea más importante a la que podemos consagrar nuestras vidas y desde la cual debemos desarrollar el resto de nuestra existencia es la de convertirnos en personas lúcidas, despiertas, fuertes y libres. Siendo el fundamento de la vida en sociedad el ayudarnos los unos a los otros a conseguirlo. Siendo desde aquí que nacerán las verdaderas jerarquías, liderazgo y organicidad.

Construir un «Yo central» que no ceda a nuestra propia ignorancia, inconsciencia, miedo, apego, ofuscación o bajeza, ese así es el argumento de la vida. Mantenernos conscientes, presentes y descondicionados, a través de las vicisitudes de la existencia y las tribulaciones del alma, el camino a seguir. Esa es la lucha principal, la verdadera «Guerra Santa», la vía del Guerrero Espiritual...

Hay en el sobreponernos a las adversidades de la vida y a la propia estupidez y ofuscación una afirmación en la pureza, la autenticidad y la épica. También una fuente de alegría, humildad y compañerismo. Esa es la vía del Guerrero... Un camino en pos de la sabiduría, la fuerza interior y la auténtica libertad. Esa que es hija de la Verdad y tiene como fruto la conquista de nosotros mismos y de nuestra propia existencia más allá de todas las miserias y contingencias de la mundanidad.

Este es el único camino que merece la pena recorrer en esta vida. La lucha más noble, digna y necesaria que podemos llevar a cabo. A partir de aquí, todo lo demás...

No nos llamemos a engaño ni nos dejemos deslumbrar por los logros de la ciencia o la técnica, los tiempos actuales y, en general, la Modernidad apuntan justamente en dirección contraria a donde apunta el Guerrero Espiritual. En nuestra época la fuerza interior y la verdadera libertad son una rareza y apenas se entienden ni cultivan. Muy al contrario, los tiempos modernos han hecho del ser humano un mero «producto» alienado de un algo que se le superpone y sobrepasa, y respecto de lo cual no poseería ni autonomía ni libertad. Léase aquí tanto la economía, las pulsiones, el medio natural o la inercia histórica; como la propia ignorancia, miedo, necedad, debilidad o bajeza.

Del mismo modo y como contraimagen de dicha alienación, la Modernidad habrá exacerbado un voluntarismo absurdo y ciego, en el que prescindiendo de la realidad íntima de las cosas, se pretenderá doblegarlo todo al capricho, apetito, desvarío o ensueño de la más pura subjetividad.

Todo esto es así porque el Mundo Moderno ha dado la espalda a la idea de Verdad, ha negado la posibilidad de conocer el «ser de las cosas», ha negado las ideas de «esencia» y «trascendencia», ha replegado al Hombre al ámbito de la subjetividad y el relativismo y ha dejado de entender la libertad como el camino y brega por vencer nuestra ofuscación y bajeza, por «llegar a ser lo que estamos llamados a ser» y vivir así de acuerdo a la Verdad y al servicio de la Verdad. Solo queda entonces ese agitarse angustiado, entre la alienación y el voluntarismo, propio de nuestro tiempo...

Capado así espiritualmente, sin verdadero conocimiento de sí y esclavo aun sin conciencia de ello de su propia estupidez, el Hombre moderno queda convertido en un ser alienado, neurótico, emocionalmente débil, inmaduro, polarizado, sectario, mayormente desarraigado, muchas veces vulgar y ensoberbecido, muchas veces afectado y subjetivo, fácilmente influenciable, irritable, susceptible, inestable, por lo general mediocre, en ocasiones envilecido y siempre «dormido».... Este triste tipo humano es el fruto por excelencia del Mundo Moderno y frente a ello no cabe sino rebelarse y apostar por justo lo contrario. Eso es tomar conciencia de que estamos en la Edad Oscura y dar ya un primer paso en la preparación del antídoto...

EL DEPÓSITO DE LA TRADICIÓN

La herencia sapiencial de la humanidad fundamentalmente ha señalado siempre el camino del «Guerrero Espiritual». De distintas formas y con distintas vestiduras culturales o religiosas, pero siempre en esa dirección, el «Mundo de la Tradición» ha hecho de la conquista interior y el «llegar a ser lo que estamos llamados a ser», el fundamento de sus enseñanzas. Ese depósito es fuente de orientación y formación para recorrer el «camino del Guerrero», aún en la Época Oscura y es, a su vez y en sí misma, una disidencia respecto del Mundo Moderno.

Aprovechemos entonces dicho depósito sapiencial para reinaugurar el «Camino Recto» y tomando lo esencial de la «antigua enseñanza», pero mirando al futuro, pongamos en marcha un nuevo tiempo del cual nosotros mismos seamos precursores...

LA REVOLUCIÓN Y LA VÍA DE LA MANO IZQUIERDA

Si «Revolución» significa literalmente «volver al Origen» y en el origen del sentido de la vida Humana está el «camino del Guerrero Espiritual», no habrá nada más revolucionario que volver a hacer de dicho camino el «argumento de la vida» y el fundamento de la sociedad. Esa es la verdadera revolución y antídoto frente a la Edad Oscura.

Y siendo ya horas avanzadas de la Medianoche del Mundo, la opción será «Cabalgar el Tigre» y seguir la Vía de la Mano Izquierda. Hacer del propio Mundo Moderno oportunidad para un nuevo comienzo. Ni volver atrás ni seguir ahondando en donde estamos, sino poner en marcha una nueva etapa en la que los propios resortes de nuestro tiempo sean aprovechados para decantar justo lo contrario. Para alumbrar un tipo humano antitético a la decadencia moderna. Haciendo del «Reino del Nihilismo» no el escenario de una humanidad sin esperanza, sino la «Tierra Baldía» de la prueba del Héroe. El campo de batalla que el corazón del guerrero anhela precisamente, para forjarse en la aventura y la prueba y dando lo mejor de sí mismo, reinstaurar el «Reino del Grial»...

EL HACER COMUNIDAD

A partir de aquí hay que hacer comunidad...

Salir al Mundo a encontrarnos con nuestros iguales, acercarnos a aquellos que tienen la misma inquietud y búsqueda o han emprendido ya el camino, y abrirnos a hacer camaradería y amistad. Aprendiendo los unos de los otros, ayudándonos y cuidándonos los unos a los otros, haciendo camino juntos cada uno desde sus propios dones o aptitudes y reconociendo sin complejos a aquellos que en cada momento y para cada situación puedan ser más fuertes y tener algo que enseñarnos.

Del mismo modo, aquellos que estén más lastrados por sus debilidades, serán precisamente los que más reciban de la comprensión, aliento y consejo de los mejores. Todo conforme a un horizonte de humildad, grandeza de alma, orgullo de estar juntos, nobleza y admiración mutua en el que sin esperar nada a cambio y aceptándonos los unos a los otros tal como somos, el «Camino del Guerrero Espiritual» quede abierto a todo aquel que sienta su llamada...

EL ENTRENAMIENTO

Nada se conseguirá en el «camino del guerrero» si no se entrena...

Si queremos de verdad conquistar nuestra existencia y nuestra propia persona, nuestra vida debe estar llena de *Áskesis*, de entrenamiento del alma y el cuerpo. Solo entrenando podemos de verdad aspirar a la *Areté*...

El alma debe forjarse así en la Verdad como camino seguro para la fuerza y la libertad, enraizando nuestro pensamiento en la objetividad, enderezando rectamente nuestro entendimiento y purificando la mente de todo lo que es torcido, caprichoso, desmedido, puramente subjetivo, irreal, inmaduro, disperso, alienante, sectario, exagerado, individual y de parte, desquiciado o falso. Aspirando a conquistar la Consciencia presente y la lucidez de una mente purificada y esclarecida, para desde ahí afrontar con sabiduría, señorío de sí, confianza, alegría heroica y épica, la vida que tengamos por delante.

Por otra parte, ese mismo esfuerzo de entrenamiento del alma deberá tener su reflejo en el entrenamiento del cuerpo. El cual no será sino plasmación simbólica en el ámbito de lo puramente físico, de esa misma llamada a la *Areté*. Al autoconocimiento, la rectitud y la fuerza interior. Un entrenamiento físico que nada tendrá que ver con lo puramente estético y que por el contrario será reflejo de un temple interior. De una manera de ser y estar del alma. La manera del que hace de sí mismo una arcilla que moldear, una estatua que esculpir, una espada que forjar...

LA NATURALEZA

En la Naturaleza el Guerrero Espiritual ve al «*logos* divino» que hizo del «caos primordial» un cosmos de orden, armonía y belleza. Un mundo que aun en el devenir y la contingencia es reflejo de la «Luz de lo Alto» y es así fuente inagotable de inspiración y sabiduría. La Naturaleza y sus «cien mil hijos» y los «poderes del Mundo» en el cielo, las aguas, la tierra y el fuego son así para el Guerrero Espiritual, lección y compañía fundamental de su paso por la vida. Todos ellos unidos en el «Alma Universal» o *Anima Mundi* de la tradición sapiencial desde la cual se nos dice que hay símbolo y enseñanza en el aullido del lobo, el volar de las águilas o las raíces de un árbol... Que lobos, águilas y árboles son más un alguien que un algo y que la naturaleza es maestra y tesoro escondido de dones y conocimiento. Maestra «metafísica» de un mundo físico que muestra desde la inmanencia, la vía hacia la Trascendencia...

EL PATRIOTISMO

El patriotismo es una virtud, el nacionalismo un vicio moderno…

La conquista de la libertad, el espíritu de comunidad y el amor a la patria y al alma de un pueblo, siendo virtudes esenciales de la sabiduría tradicional, han sido, sin embargo, pervertidas por las ideologías modernas del liberalismo, el socialismo y el nacionalismo. Tres ideologías que han vertebrado la Modernidad desde tiempos de la Revolución francesa y que, a su paso, han dejado un paisaje de ruinas y desafueros que constituye ya la «Tierra Baldía» de nuestro tiempo…

El desarraigo de la Verdad que propició la subversión moderna sumergió Occidente en el nihilismo. Un nihilismo hoy día manifiestamente decadente en el que los conceptos de verdad, libertad, comunidad y sociedad, nación y patria, han quedado adulterados, tergiversados o relativizados. Al tiempo que, en frente, un desarraigo similar, pero llevado a cabo en este caso desde la cerrazón religiosa, ha sumergido el mundo islámico en un nihilismo psicópata y criminal. Un nihilismo de vestiduras religiosas, desalmado y envilecido que, con el fanatismo por bandera, pretende, sin embargo, luchar «en nombre de Dios»….

Y este es el panorama oscuro y desnortado de nuestro tiempo. Las dos caras de una misma «Medianoche del Mundo» en la que se sumerge la «era del globalismo» al son del Kali Yuga… Pero la «Luz Imperecedera» no se aparta jamás y como nunca antes es necesario no desesperar y señalar la «Estrella Polar».

Por eso es perentorio el Guerrero Espiritual. Por eso es perentoria la Libertad que es hija de la Verdad. Y por eso el espíritu de comunidad debe rearmarse en torno al ideal de Fuerza y Sabiduría. Y por eso a despecho tanto del nacionalismo como de la globalización, hay que ser patriotas…

La patria como proyecto de convivencia y hermandad surgido de unas raíces comunes de siglos de antigüedad, en la historia, el linaje, la cultura y la antropología. Patria que une pueblos hermanos surgidos de un mismo tronco y raíz y que hace de vascos, castellanos, catalanes, gallegos o andaluces, nación española. Nación que, conforme a ese mismo principio de raíces compartidas, está llamada a unirse al resto de pueblos y naciones europeas de acuerdo a algo más que los intereses económicos y para constituir un sano patriotismo europeo que solo será posible toda vez que Europa rompa con el proyecto posmoderno de sociedad y encuentre en los troncales de la cosmovisión tradicional el firme seguro desde el que constituirse de nuevo como verdadera civilización, y no como poshumanidad...

Patriotismo que así nos impele a un ideal de raíces compartidas más allá de los frutos envenenados de la subversión moderna, y que es autorreconocimiento en un ecúmene espiritual que genera unidad, solidaridad, intercambio fértil de fuerzas y talentos, y orgullo y alegría de estar juntos, y en el que en nuestra propia humilde esfera personal, y dando lo mejor de nosotros mismos y más allá de nuestra diminuta ecuación de interés individual, estaremos también cada cual desde su «trinchera», haciendo patria...

Patria en la que cabrá eventualmente acoger al que venga de fuera, huyendo de desgracias o buscando una vida mejor, pero al que habrá que exigir si se queda entre nosotros, y mientras esté con nosotros, respetar e integrarse en nuestra sociedad y desde nuestras raíces. Amoldándose a los parámetros culturales y antropológicos de la sociedad que le recibe.

Del mismo modo, nuestra capacidad de acogida dependerá de nuestra capacidad para asimilar dicha inmigración. Tanto en el ámbito socioeconómico como en el ámbito antropológico y sociocultural. Ámbitos fundamentales de toda sociedad que tienen necesariamente una capacidad limitada de asimilación y que a partir de un determinado nivel de sobrecarga generan evidentes disfuncionalidades económicas, así como problemas de convivencia e identidad. Ver esto es fundamental para afrontar los fenómenos migratorios de nuestro tiempo y es impresionante hasta qué punto, algo tan obvio, es sistemáticamente ninguneado por la corrección política y el «buenismo»...

El patriotismo es una virtud del alma, a través de él conectamos con el recorrido ancestral de unos pueblos hermanos y contribuimos a su unidad, solidaridad y engrandecimiento. Haciéndonos nosotros mismos sujetos activos de dicho recorrido.

Nos abrimos entonces más allá de la esfera del interés individual y nuestros esfuerzos y logros dan fruto también en las vidas de nuestros compatriotas.

Poco tiene que ver entonces con el malhadado nacionalismo que tantos quebraderos de cabeza ha dado a España, pues en este nada contribuye a la unidad de quienes tienen lazos comunes de siglos, y todo es por el contrario para marcar diferencias y distancias o laminar diversidades. Cultivándose el recelo y la insolidaridad. Empequeñeciéndose horizontes y racaneándose frutos y dones compartidos…

También entonces el patriotismo, y frente a los nacionalismos, será una de las batallas de nuestro tiempo.

LA VIDA Y LA MUERTE

El momento es ¡Ya! …

Ya vas tarde. Ya es más tarde de lo que crees… Para ponerse con «la forja del alma», con la lucha en la «Cruzada», con el «apostolado» del «Retorno del Espíritu», con la aventura de abrirse a la Verdad y desde ahí ser nosotros mismos y conquistar nuestras vidas…

Todos moriremos, más pronto que tarde, nadie escapará. Dejémonos de tonterías entonces y «sudemos la camiseta» en la batalla de la vida, sin esperar nada a cambio y porque sí. Porque de eso va la vida y lo demás es «ruido».

Ser conscientes de la Muerte nos hará así ser conscientes de la Vida, y no habrá día que dejemos pasar sin recordar el final. Así viviremos realmente. Presentes y entregados a cada momento. Sabiendo qué es lo importante y qué cosas son solo necesarias. Qué es lo esencial y qué es solo lo accesorio. Qué es lo bueno y verdadero y qué es solo otra estupidez más…

Aquellos que saben que la vida y la muerte van de la mano, no pueden sino reír frente a la estupidez del Mundo y cruzan sin miedo la Medianoche de nuestro tiempo; sin que el alma se les oscurezca, sin perder el rumbo, sin lamentarse, sin rabiar… La Edad Oscura ya está aquí, pero la «Luz de lo Alto» no se aparta.

Podemos forjarnos un alma inconquistable y hacer de la vida prueba, aventura y oportunidad. Hacer de la Edad Oscura y a despecho de su estupidez, ocasión idónea, precisamente, para un nuevo «despertar»...

De toda adversidad, fatiga o trabajo, por gris que sea, se hará entonces escenario de «forja», de «apostolado» o de «cruzada».

De toda frivolidad o recreo superficial, ocasión para decantar justo lo contrario. Haciendo entonces de las ineludibles vulgaridades de nuestro tiempo, escenario donde cultivar precisamente «la Autenticidad».

De todo encuentro íntimo y personal, ni una «novelita» de ensueño pequeño burgués y tonto romanticismo marital, ni tampoco la zafiedad promiscua de mero materialismo sexual que tanto obsesiona a nuestros contemporáneos. Sino encuentro significativo para nuestras almas. Sea para mucho o poco tiempo. Sea puntual o para una vida juntos. Sea con hijos o sin ellos. Siempre y en todo caso encuentro significativo para crecer en sabiduría, fuerza y libertad. A través del encuentro en autenticidad, del misterio de la propia vida y de las personas que llegan a ella, y del gozo y del camino juntos, cuando así deba ser...

La vida va en serio y la muerte también. Aquí se viene a «ganar el Valhalla» y todo lo demás más tarde o más temprano será polvo y cenizas.

Cultivar así la «Fuerza de Espíritu» que tras la inexorable muerte nos abre las puertas del «Salón de los Héroes» es la única manera de ser nosotros mismos y vivir de verdad. Todo lo demás es tontería... Esa es la única manera de estar realmente presentes en nuestra existencia y en la realidad. Y de aportar algo al Mundo que merezca la pena...

La Vida y la Muerte son como un juego que solo se aprovecha y disfruta, si sales al campo dispuesto a sudar la camiseta hasta el último minuto. Consciente de que con el pitido final que te dará la Muerte, lo que contará no será tanto el resultado material de tu singladura vital como haberlo dado todo por la Verdad. Por encarnar la «Luz de lo Alto» y haber sido un vector de *Areté* en el Mundo...

LA NUEVA MILICIA

Una Nueva Milicia Espiritual se está formando...

Una Nueva Milicia en la que, mediante la forja del alma en la Verdad, la Fuerza y la Libertad, sus hombres y mujeres se están convirtiendo en la vanguardia y élite de un nuevo tiempo del que ellos mismos son anuncio y proclama.

Sus vidas, palabra, obra, estilo y conducta son la semilla de un movimiento cultural realmente alternativo y disidente. Un movimiento en el que, montando el Tigre del Mundo Moderno, los desafueros de este son convertidos en revulsivos de una renovada salud espiritual.

La Nueva Milicia supone una transformación del Hombre como hace siglos que no ocurría. Una revolución profunda que vuelve a poner en el centro de la existencia las «Verdades de la Vida» y vuelve los ojos al misterio de la Trascendencia. Pero no para volver a lo que quedó reducido a ruinas y son restos del pasado, sino para afrontar el «Kali Yuga» de la única manera posible, una vez se cruza el «meridiano cero» de la Edad oscura...

Esto es, desde «la Vertical de la Luz Imperecedera», inmune al desgaste del tiempo y la historia y superior a toda contingencia. «Vertical» siempre presente cuya llama graba en el centro del alma, el sello de lo que es Eterno y, por ende, siempre actual y perenne... Y entonces sí, desde ahí y sin mirar atrás, sumergirnos sin miedo en la «Medianoche». Portando la antorcha del «fuego secreto» a modo de espada. Decididos a que la «bestia del fin del Mundo» responda a nuestras espuelas...

La regeneración espiritual de Europa y Occidente

EL VACÍO ESPIRITUAL Y LA CIVILIZACIÓN OCCIDENTAL CONTEMPORÁNEA

El propio título que damos a este capítulo nos está señalando cuál es la problemática que queremos afrontar, es decir; partimos de la idea de una necesidad de regeneración, de que estaríamos viviendo una época de vacío espiritual, de desolación espiritual, de desierto espiritual. Un desierto que necesitaría de perentoria sanación y que estaría asolando Europa y Occidente. Debiendo aquí reseñar que designamos Europa tanto como lo que sería el continente europeo propiamente dicho, como los lugares del Mundo sobre los cuales se ha desbordado y se ha proyectado Europa, dando lugar a eso que comúnmente llamaríamos Occidente. Dicho esto, partimos entonces, y como he señalado hace un momento, de la idea de que esa Europa y Occidente están en estado de nihilismo, de vacío espiritual y, por tanto, eventualmente necesitados de una regeneración. Necesitados de salir de ese desierto, de salir de ese vacío.

Planteada esta premisa, comprender cómo y por qué hemos llegado hasta aquí, pasará por comprender que a este vacío se ha llegado a través de la modernidad contemporánea. En el sentido de que el proceso histórico que nos ha traído al mundo moderno, supone un cambio de fase sin precedentes. A través de la Modernidad, y concretamente a través de los últimos trescientos años, se ha arribado al mundo contemporáneo que tenemos ahora. Mundo de horizontes y paradigmas nunca vistos anteriormente en la Historia. Esto es: El mundo moderno es un mundo que vive orientado conforme a un horizonte completamente antimetafísico e imbuido de un paradigma de mero materialismo práctico. Esto es fundamental subrayarlo: el mundo moderno es antimetafísico y tiene una concepción puramente materialista y práctica de las cosas; es un nihilismo materialista y ese es su rasgo fundamental. Y esto no es cosa menor, pues supone un cambio de fase no visto hasta ahora, pues nunca había ocurrido que existiera una civilización plenamente materialista.

La primera civilización plenamente antimetafísica y materialista de la historia de la humanidad es la de la modernidad contemporánea.

Esta modernidad contemporánea habrá supuesto el fin de la Europa tradicional, adopte esta Europa tradicional el rostro que sea, pagano o cristiano. Decimos pagano o cristiano, porque en el proceso de la tradición europea, y luego lo comentaremos más detalladamente, habrá habido como dos grandes ciclos: el ciclo tradicional pagano y el ciclo tradicional católico cristiano, y la Modernidad habrá puesto fin a los dos. Arribándonos al nihilismo materialista del mundo contemporáneo, que es el origen del desierto espiritual.

Pero todo esto necesita obviamente de una explicación más detallada…

*

El proceso a través del cual se llega a la Modernidad ha sido gradual, no hemos llegado al mundo moderno de golpe. Es un proceso gradual en el que paulatinamente se ha ido saliendo de la Tradición y se ha ido entrando en la Modernidad muchas veces, sin apenas percibirnos de ello, sin percatarnos de cómo determinadas formas de tradición, no eran sino antesalas a medio plazo, del mundo moderno propiamente dicho. Sería profuso en este sentido entrar aquí a señalar los hitos del proceso moderno, pero sí será posible indicar cómo no se puede entender la llegada de la Modernidad sin algunas paradas fundamentales. La primera, en la Plena Edad Media, en el llamado conflicto de las investiduras entre el papa y el emperador. El conflicto entre la iglesia güelfa del papado y el Imperio gibelino. La victoria caerá del lado güelfo y en dicha preeminencia de la iglesia güelfa quedarán ya negados dos pilares fundamentales de la Tradición: «El Imperio Sacro y la vía iniciática». El «Gran Monarca» y la «espiritualidad activa»... La reducción del *Imperium* a brazo secular y la concepción unilateralmente pasiva, devocional y sacerdotal de la espiritualidad. Este será el pistoletazo de salida de la subversión moderna. La iglesia güelfa se configura de este modo tanto como la semilla de la Modernidad, como el germen mismo de la caída del cristianismo; el cual a partir de ese momento, y a pesar de ejercer de eventual valladar del mundo moderno, no podrá ya evitar las fuerzas disruptivas que su propia subversión ha liberado.

Requeriría de una exposición más detallada y profusa que desborda la intención de esta obra, pero es en el marco de esa iglesia güelfa que ya en la Baja Edad Media la caída de nivel continuará ahora con el nominalismo y la llamada «Navaja de Ockham» (la filosofía antiescolástica que va a negar que el entendimiento puede acercarse a la Trascendencia y armonizarse Fe y Razón); y seguidamente y en cadena, uno tras otro, los hitos fundamentales del proceso moderno: el antropocentrismo renacentista, la herejía protestante luterana y calvinista y el fideísmo, después la Ilustración, el racionalismo cartesiano, el empirismo británico, las revoluciones burguesas, la Revolución americana, la Revolución francesa, el romanticismo, el liberalismo, el socialismo, el nacionalismo, el economicismo, el cientifismo, la vida como materialismo práctico y la ofuscación final del nihilismo posmoderno de nuestro tiempo... todo ello hitos fundamentales del proceso de la Modernidad que a modo de cascada y en concatenación causal, nos traen hasta el desierto espiritual de la modernidad contemporánea. Nos traen hasta el vacío espiritual de nuestro tiempo y el sinsentido de la civilización del nihilismo. Todo ello en un proceso que se habría acelerado enormemente en los últimos cincuenta años, y en el que a pesar de las distintas reacciones contrarrevolucionarias habidas en siglos anteriores y hasta el primer tercio del siglo XX, la inercia de la caída habrá sido siempre más fuerte que la reacción.

Siendo este muy sintéticamente planteado el orden de los acontecimientos, hay que hacerse cargo de que dicho tiempo de reacción contrarrevolucionaria ya concluyó. La necesidad de una regeneración espiritual una vez hemos llegado a la «media noche del mundo», al *Kali Yuga* o Edad Oscura, puede ser perentoria, pero las formas precedentes de respuesta a la subversión moderna han quedado desbordadas por el despliegue de esta y ya no están operativas. Pueden ser inspiradoras, pero ya no sirven. La «medianoche del Mundo» ya está aquí y hemos cruzado así el «meridiano cero» del Kali Yuga. El tiempo de la posible reacción y enderezamiento del rumbo, terminó. Y la Tradición Sapiencial ya nos advirtió de que llegaría una época de oscuridad como esta y nos dio claves al respecto...

*

En este sentido se dice oscuridad, para señalar un oscurecimiento espiritual y repliegue del Hombre a un horizonte antimetafísico y puramente práctico y materialista. Para dicha Edad Oscura la Tradición señalará también cómo, a pesar de que las formas históricas y contingentes de manifestarse la «Tradición Eterna» han quedado desbordadas (lo que serían las religiones), queda siempre una vía alternativa para la cual dicho oscurecimiento del Mundo no será alienación, sino oportunidad para un renovado despertar. Para un «nuevo comienzo».

Pudiendo permanecer presentes y activos espiritualmente en toda situación, incluso en la Edad Oscura, y «ser nosotros mismos» (en su sentido sapiencial) y conforme a una correcta orientación espiritual, ser a su vez señal, anuncio y vanguardia de ese «nuevo amanecer». De ese «retorno de los dioses fuertes». Pero lo veremos más adelante...

Ahora continuamos con lo que veníamos comentando sobre el proceso moderno y reparamos en cómo en todo este proceso de llegada de la Modernidad, en el que hemos señalado algunos de sus hitos más importantes, al final con lo que hay que quedarse y subrayar es con el hecho fundamental que subyace a todos ellos. Esto es: de la Tradición a la Modernidad solo se pasa si hay un paso intermedio. Un paso intermedio que es el que verdaderamente cifra el principio del fin de la Tradición y el amanecer de la Modernidad. Ese paso intermedio es la negación desde el propio ámbito religioso, de la «espiritualidad activa», la «trascendencia inmanente» y la correspondiente «soteriología iniciática». Clave de bóveda de la cosmovisión tradicional.

QUÉ QUEREMOS DECIR CUANDO DECIMOS TRADICIÓN Y DECIMOS MODERNIDAD Y CÓMO SE PRODUCE ENTONCES EL PASO DE UNA A OTRA

Antes de seguir, reparemos una vez más en que estoy diciendo «Tradición y Modernidad». Estos términos son equívocos y se pueden malentender. Porque al usar la palabra Tradición no estoy haciendo referencia sin más a las procesiones de Semana Santa, a los trajes regionales o al folclore popular. Y cuando digo Modernidad no estoy haciendo referencia a los ordenadores, a la tecnología punta, a los robots o a las máquinas más avanzadas. La Modernidad y la Tradición son entendidas aquí como categorías casi filosóficas, como por decirlo así «concepciones del Mundo»:

- Tradición significará una concepción del mundo que tiene como referente un horizonte metafísico y espiritual.
- Modernidad significará una concepción del mundo que tiene como referente un horizonte antimetafísico y materialista.

Espiritualismo y metafísica práctica *vs.* materialismo positivista y antimetafísica. Que después haya tecnología punta o no la haya, o que haya fiestas populares o no las haya, es en cierta medida secundario y accesorio. La clave está en que son dos concepciones del Mundo antitéticas: la de horizonte metafísico y espiritual y la de horizonte materialista y antimetafísico.

Dicho esto, el paso de la Tradición a la Modernidad no se producirá de golpe, sino que será gradual, y lo fundamental en dicha gradación es que:

Detrás de todos los hitos del proceso moderno, hay una corriente de fondo que los sostiene, que es el paso intermedio imprescindible, y que básicamente consiste en la afirmación de un abismo ontológico insalvable entre la Trascendencia y la inmanencia, entre los «Dioses y los Hombres».

En este sentido, en el momento en que desde una perspectiva religiosa se afirme que hay un abismo ontológico insalvable entre el Absoluto y el ser humano, se estará sembrando la Modernidad. Aunque dicha negación se haya producido desde un prisma religioso. Da igual, en el momento en que se niegue que hay continuidad entre el alma humana y el Principio Supremo se estará ya actuando desde un nihilismo que prefigura la Modernidad. Más aún, sin esa previa negación gestada en el ámbito religioso y mayormente clerical no será posible la posterior impugnación a la totalidad que la Modernidad hace de la Tradición. Es el paso previo imprescindible. Es a partir de dicha negación que se negarán *Initiatio et Imperium*, pilares insoslayables de la Tradición en su sentido eminente. Es a partir de dicha negación que se preparará la subversión moderna...

*

Fijémonos aquí por otra parte, y hay que resaltarlo, que la afirmación de ese abismo ontológico, la negación de esa continuidad, conllevará a la negación a su vez de una vía «por las obras», «por el merecimiento»; también por «Gnosis» o «despertar». Negación así de una vía para por nuestra propia potencialidad espiritual «merecer los Cielos». Como si nada de la *Imago Dei* primordial hubiera o quedara en nosotros, tras la Caída en el mundo de lo condicionado y el pecado original...

El resultado que tiene dicha negación es muy interesante, pues tiene como dos rostros que en gran medida son los de nuestro tiempo.

Es decir, si se te niega la posibilidad de recorrer «la vía Iniciática», de «despertar a la trascendencia inmanente» que en estado de potencia llevas en el centro del alma, te quedan solo dos posibilidades: o la deriva integrista o la deriva materialista.

—En la primera, si frente a la trascendencia nada puedes ni saber ni merecer, solo quedará entonces someterte unilateralmente a una «palabra revelada»; someterte a un integrismo dogmático que te dice que «frente a Dios nada puedes» y que lo que te queda es obedecer sumisamente «la Revelación»...

Esto ha ocurrido grandemente en el islam. La religión islámica tiene una tendencia muy propia de derivar hacia el rigorismo e integrismo, hacia el llamado salafismo, el cual, por desgracia, en su forma más extrema hemos sufrido en reiteradas ocasiones en Europa y Occidente a través de un inhumano terrorismo.

El integrismo en todo caso es de este modo la idea de que frente a la Trascendencia, «frente a Dios», como nada puedes, lo mejor y único que puedes hacer es someterte sumisamente a «su Ley»: a la *Sharia* (utilizando aquí la terminología propia de los salafistas). Es decir, la deriva integrista y rigorista que vemos en el salafismo del mundo musulmán y que se da de otra manera pero también en el judaísmo ortodoxo, y que llegamos a encontrar en algunas formas especialmente exageradas del ya de por sí desviado puritanismo protestante, tienen que ver con la negación de que en el Hombre permanezca ninguna esencia divina ni rastro de *Imago Dei* primordial que en estado de potencia pueda, mediante nuestro propio esfuerzo y Consciencia, despertar y actualizarse. Si no podemos ser activos de ninguna manera frente a la Trascendencia, si frente a lo Alto estamos «capados» y nada podemos y no hay nada que despertar de Dios en nosotros, simplemente nos queda obedecer unilateralmente «la Ley», la «palabra de Dios». Sumisa y pasivamente. Aun cuando sea con el fervor de los «obsesos de Dios» del integrismo, solo nos queda el sometimiento y la sumisión...

—Pero cabe otra opción, que es la que se ha desarrollado en Occidente, en Europa. Y es que si se te niega la posibilidad de permanecer activo frente a la Trascendencia, si se te niega una espiritualidad y soteriología activa e iniciática, hacia «lo Alto» y en el «Centro de ti mismo», una «gracia suficiente y eficiente», una «chispa divina» inalienable como esencia primera de tu ser. Si se te niega así y, en definitiva, que por tus propios medios y a partir de dicha esencia primordial de «Hijo de Dios» puedas «merecer el Valhalla», quizás entonces lo que hagas sea dar la espalda «a lo Alto y a los Cielos» y dedicarte, simplemente, al Mundo...

Es decir, si frente a Dios y tal como establece la herejía protestante, luterana y calvinista, nada puedo ni saber ni merecer, el objetivo de mi esfuerzo será entonces el mundo material. Lo meramente natural y material será el foco y dirección de mi esfuerzo, Consciencia y atención, hasta el punto de que vaciada la inmanencia de toda referencia o continuidad con la Trascendencia, la mera prosperidad material y riqueza mundana, será el horizonte de sentido.

Así llega a ocurrir en el calvinismo, que llega a afirmar que el ámbito de la prosperidad y la riqueza material es el único en el que el Hombre puede obtener verdadero resultado efectivo, hasta el punto de que el «éxito en los negocios» llega a ser considerado señal de haber sido escogido por la Providencia divina para la Salvación... Llegado este punto, es obvio que paradigmas de esta índole tenderán a conducirse por sí mismos y su propia inercia hacia una paulatina secularización, cuya parada final no habrá sido otra que el nihilismo materialista contemporáneo. Luego podrá discutirse a quien corresponde esa prosperidad material o cómo conviene generarse y repartirse; y leeremos a Adam Smith y sus epígonos, o a los distintos y diversos autores del marxismo, pero dicho horizonte materialista habrá quedado asentado como paradigma de vida y sentido de la Modernidad. Se mire desde un lado o desde otro. Paradigma antimetafísico que será el propio de la Europa y Occidente contemporáneos, ya sea contemplado desde la derecha liberal, ya sea contemplado desde los distintos socialismos de raíz marxista.

*

Visto así, y sin restar un ápice del carácter radicalmente necesario y perentorio del sustento material, la focalización unilateral de todo sentido a dicha dimensión de la existencia será uno de los rasgos más característicos del mundo contemporáneo y una verdadera rareza en la Historia de la humanidad, que hasta hace escasos tres siglos apenas dio lugar a una civilización plenamente materialista como la actual.

En este orden de cosas lo que estamos planteando es que tanto la deriva materialista y antimetafísica de la Modernidad como los «obsesos de Dios» del integrismo tendrán su origen en la misma negación: la negación en el Hombre de la presencia de una «chispa divina» actualizable activamente a través de un arduo proceso de disciplina espiritual y soteriología iniciática; de *Sadhana*. De la negación así de una esencia «de lo Alto» que en estado de potencia y en el centro nuestra alma puede y debe actualizarse para dar cumplida realización a la naturaleza humana. Siendo dicha «actualización» o «realización» el argumento mismo de la vida. Y todo lo demás viene después y está en función de ese argumento primero y debe vivirse en función de ese argumento primero. Siendo este argumento y jerarquización de la cosmovisión tradicional, la distinción y jerarquización entre «lo Importante» y lo simplemente necesario... Y por supuesto esta jerarquización es confundida y escamoteada por el mundo moderno que en gran medida se desplegará como confusión y asimilación de lo Importante, con lo simplemente necesario. Y que incluso en última instancia pretenderá negar toda esfera referida a «lo Importante» y afirmarse y regodearse en exclusiva en lo necesario. Siendo cualquier otra cosa regresión y oscurantismo...

*

Tenemos de este modo que la idea de una «chispa divina», de una «esencia divina» o *Atman*, de una «Trascendencia Inmanente» en nosotros, será la clave de bóveda de la cosmovisión tradicional, entendida esta como *Sophia Perennis* o «Religión Eterna». Siendo la correspondiente soteriología de autorreconocimiento y realización en dicha esencia, la vía propia del mundo de la Tradición. El sentido central del «conócete a ti mismo y conocerás a los dioses» de Apolo en Delfos, del *Tat Tvam Asi* del *Sanatana Dharma*, del «nacimiento de Dios en el alma humana» de algunas formas de mística cristiana. Siendo la vía de descondicionamiento interior y afirmación supraindividual de la personalidad, de *Áskesis* y *Areté*, el modo de existencia propio de la Tradición en su sentido más eminente. Y, por ende, la correspondiente sacralización de la propia existencia y experiencia humana de vivir en orden a la realización de dicha elevación anagógica del sujeto más allá de su mero yo fenoménico e individual. Obviamente el modo de vida puramente profano que preconiza la Modernidad estará en las antípodas de todas estas consideraciones y, como hemos dicho, las escamoteará o confundirá con el mero horizonte de problemáticas contingentes y materiales de la existencia. Las cuales son vividas sin ningún significado o referencia más allá de sí mismas. La *Avidya* o «ignorancia esencial» se convierte así en orgullo y afirmación central del Hombre moderno, que llevará a gala dicho olvido e ignorancia y que incluso a dicho estado de postración espiritual frente a sí mismo y su pura individualidad, lo llamará «libertad»...

A partir de aquí, y lo hemos referido en otros libros, conferencias y en este propio texto anteriormente, es fundamental entender que la negación de dicha «inmanencia del Espíritu» en el alma humana, y la correspondiente soteriología de autorreconocimiento en dicha esencia y, por ende, «conquista interior y liberación», es la piedra de toque y punto de partida de todo nihilismo. Ya sea a través de la deriva nihilista y antimetafísica de la Modernidad, ya sea a través de la deriva nihilista del integrismo y el fanatismo religioso: los «obsesos de Dios» que hoy día y de manera palmaria encontramos y podemos reconocer en la aberración salafista.

La negación así de la «vía iniciática», entendida esta en su sentido originario: como elevación anagógica y supraindividual del sujeto, conduce o al nihilismo moderno o al nihilismo religioso. Sin la correspondiente *Sadhana*, sin la correspondiente *Aristeía*, sin el correspondiente «éntasis espiritual» mediante la cual el estado de «ignorancia, olvido y confusión» respecto de nosotros mismos queda superado, el destino final no podrá ser otro que el nihilismo materialista de la Modernidad, o que el nihilismo integrista del fanatismo religioso... Siendo así que dicha «Gnosis» que el nihilismo niega será el antídoto radical para ambas desviaciones. La llamada «vía iniciática», entendida como superación de la condición humana meramente individual, en cuanto esta es comprendida como un estado de ignorancia y olvido de sí, pero como un estado del que se puede «despertar», se convierte de esta manera en la vía más antitética a todo nihilismo. En la vía más propia de la cosmovisión tradicional y frente a toda ofuscación, decadencia y degeneración.

Esta misma vía de la Tradición Sapiencial, de superación anagógica del mero estado individual y fenoménico del sujeto, nosotros en nuestro estudio sobre el antiguo mundo céltico y germánico[1], la hemos llamado «Espiritualidad Heroica». Y la hemos rastreado y reconocido en las referencias que desde las fuentes clásicas, el registro arqueológico y los mitos y leyendas derivados de dichas culturas, nos han llegado. Siendo aquí que mayormente esta vía la hemos encontrado concretada, a través de una visión «iniciática» de la guerra, la lucha y el oficio de las armas. Siendo así el «mito heroico y pensar mágico del mundo» de la antigua Céltica y Germania, una forma más, especialmente sugestiva, de eso que en este libro estamos llamando «el Guerrero Espiritual»...

*

Esta negación primordial que venimos señalando y de la cual surge el nihilismo, esta negación que hace de la «ignorancia espiritual» el estado propio e insuperable del ser humano o su única y verdadera realidad posible, y que es el origen tanto de la locura y disfuncionalidad moderna como del fanatismo religioso y la aberración salafista, pretende fundamentalmente decirnos que el Hombre está «capado»... «Emasculado en el alma». Y que no es sino una realidad meramente pasiva respecto de sí mismo, al modo de poco más que un animal y mono evolucionado, o al modo de una mera «criatura caída», a la que le queda o la «redención y salvación» unilateral desde «lo Alto» propia de los monoteísmos; o el desarrollo vermicular de una mera

1 *Los Celtas: Héroes y Magia. La cultura guerrera de la antigua Hispania céltica.* Almuzara. Segunda edición mejorada y revisada 2023.

existencia contingente, fenomenológica y material. Por supuesto, lo contrario a todo esto es la Tradición en su sentido perenne y sapiencial... Tal como lo podremos encontrar en los elementos troncales de la cosmovisión del mundo clásico grecorromano, por supuesto en las religiones dhármicas, también trabajando lo más profundo y a la vez elevado de la tradición cristiana, católica y ortodoxa, y en a su vez en el «mito heroico» del antiguo mundo céltico y germánico.

Frente al sujeto emasculado espiritualmente que subyace al nihilismo moderno y al nihilismo religioso del salafismo, la Tradición entendida como *Sophia Perennis* nos señala una «espiritualidad activa» en la que el propio sujeto, más allá del carácter contingente de su existencia meramente fenoménica, porta sin embargo en su interior una hebra de *Imago Dei* que es «Gracia suficiente y eficiente», «mónada espiritual» o *Atman*, que le permite accionar sobre sí mismo más allá de esa mera individualidad condicionada. Le permite descondicionar y «liberar la propia alma» respecto de su mera egoidad. Liberación que opera, cómo ya hemos comentado anteriormente, a través de una ardua y correspondiente *Áskesis*. Siendo ese mismo esfuerzo y disciplina, y sus frutos y logros, la propia *Areté* y *Aristeía* que venimos señalando aquí, como clave fundamental del frontispicio de la Tradición Sapiencial.

En este sentido el Hombre en cuanto a la dimensión espiritual de la existencia, no se encuentra en un estado de carencia insalvable y, por ende, unilateralmente subordinado a una «Gracia» ajena totalmente a su esfuerzo, voluntad y mérito. Una subordinación que no puede sino conducir necesariamente a un rigorismo religioso de tipo puritano e integrista. Ya hemos indicado aquí cómo los monoteísmos semitas, islámico y judaico estarían reflejando esta deriva. Pero del mismo modo, tampoco ocurrirá y de acuerdo a las coordenadas de la Tradición en su sentido sapiencial, que dicha dimensión espiritual de la existencia y al modo moderno, pueda ser negada, obviada, relativizada, soslayada o confundida con la mera emotividad, afectación o psiquismo. Replegada de algún modo a la esfera de lo contingente y puramente «necesario». Tal como ocurre en la posmodernidad.

Ninguna así de esas dos derivas tan propias de nuestro tiempo y tan entreveradas de nihilismo, de «negación espiritual», harán parte de la vía de los hombres y mujeres de la «Raza del Espíritu». Para nosotros una y otra fórmula, la de los «obsesos de Dios» y la de la deconstrucción «progresista» y posmoderna, serían error y ofuscación. Serían caída y degeneración. Serían falsas. Y ni el mundo clásico grecorromano, ni el *Arya Dharma* en Oriente, ni las antiguas culturas céltica y germánica, y ni siquiera el dios «Uno y Trino» del cristianismo tradicional, recogerían tal propuesta y horizonte de negación y decadencia. Frente a ello postularse es así obligación y vivencia fundamental, en nosotros mismos y nuestra ecuación personal, y en todo lo que sea nuestra vida cultural, política y social.

El Hombre estaría de este modo llamado a permanecer activo e Incondicionado, consciente y presente, en toda situación y a pesar de su «encarnación» y de las miserias inevitables de esta, siendo esa su más alta posibilidad y dignidad y su libertad verdadera. Activo respecto de la propia egoidad, psiquismo y mera contingencia. Y no estaría abocado así a ser mero sujeto pasivo y reactivo, alienado y «dormido», en sí mismo y en dicha contingencia, y al que solo una intervención externa y desde fuera puede «redimir». O al que solo y en definitiva le quedaría una existencia puramente mundana y terrenal, de pura contingencia y confusión con su mero yo fenoménico e individual, como centro de referencia e identidad. Confusión esta que es clave de bóveda de la antropología que postula la posmodernidad...

Este nivel de «espiritualidad activa», que también podríamos designar y de acuerdo a las terminologías propias del esoterismo y la Gnosis como «espiritualidad iniciática», sería anterior y superior a las formas puramente devocionales, pasivas y clericales de los niveles espirituales que comúnmente llamamos religiosos. Niveles en los que dicha «Trascendencia inmanente» en estado de potencia e ínsita en el alma humana a la espera del «despertar», en ocasiones será negada, considerada inalcanzable, o directamente herejía y desviación.

Como venimos comentando, es a partir de dicha negación espiritual y «anti-Gnosis», que se terminará por derivar a formas más o menos puritanas e integristas de religiosidad y unilateralidad monoteísta; o directamente, se terminará por arribar a la negación antimetafísica y materialista de la Modernidad.

En cualquier caso, esta idea, disciplina, vía y experiencia, de una «espiritualidad activa», práctica, vertical y anagógica, conducente a un estadio de «unidad interior» y superior nivel ontológico y de aseidad respecto de nuestra mera individualidad fenomenológica, no deja de ser el eje axial de la Tradición con mayúsculas. De la Tradición como *Sophia Perennis*... Un estado de «realeza interior», Consciencia presente y conquista de sí, de «Identidad Suprema» y «Trascendencia inmanente», que «despertada» en nosotros desde el centro mismo del alma y conforme a la correspondiente *Sadhana*, nos libera de la «ignorancia radical», de la «ignorancia espiritual», de todo estado de carencia o afectación. De toda vulnerabilidad del alma... Y ese es el principio fundamental y característico de la más alta posibilidad de la cosmovisión tradicional: conforme a un horizonte de Trascendencia inmanente, «en el centro mismo de nosotros mismos», y frente a cualquier circunstancia de la vida y el mundo, la posibilidad de permanecer activos e Incondicionados. De permanecer conscientes, presentes y diferenciados, desafectados y en proceso de elevación, fortalecimiento e invulnerabilidad interior. De conquista espiritual de nosotros mismos y, por ende, de «Liberación» con mayúsculas. Siendo que si se niega esta posibilidad o se la supedita a una intervención externa ajena totalmente a nuestra esencia y a nuestro esfuerzo, tarde o temprano se derivará y a través de una espiritualidad puramente pasiva y devocional, a alguna forma de integrismo religioso o, por el contrario, y casi como contraimagen de este, hacia alguna forma de nihilismo materialista, tal como ocurre con la Modernidad.

Los «obsesos de Dios» del integrismo religioso, y el sinsentido materialista y antimetafísico de la Modernidad, como las dos caras así de una misma moneda: la negación u olvido de la más alta posibilidad que nos brinda la cosmovisión tradicional. Y en dicha negación u olvido, el derrumbe paulatino de toda posibilidad de verdadera autoridad, jerarquía y orden, así como todo verdadero autoconocimiento y libertad. Es decir, de todo principio de *Agathon* y de correspondiente *Aristeía*. Lo que no es sino el mundo subversivo, alienante, y patógeno de nuestra época…

Obviamente llegado este punto de nuestra exposición, nosotros consideraremos que la regeneración espiritual de Europa y Occidente pasará necesariamente por volver a dicha «cosmovisión y vía». Por volver a dicha *Areté*…

LA TRADICIÓN COMO ARYA DHARMA

A partir de aquí, ya sea en este texto como en otros, nos hemos referido al señalar dicha *Areté*, «cosmovisión y vía», a lo que muy genéricamente hemos llamado «Tradición Indoeuropea». El término indoeuropeo hace referencia a un vasto conjunto de lenguas y pueblos de raíces comunes que se extienden de Europa al Indo. De Occidente a Oriente, a lo largo del continente europeo y hasta la India pasando por Irán, a partir de un foco originario posiblemente ubicado en el interior de las grandes estepas de Eurasia y en un proceso histórico extensísimo que a muy *grosso modo*, va de la Edad del Bronce hasta el Medievo. A este universo tradicional se le ha llamado también, y sobre todo desde Oriente y la India, «Tradición Aria». Y este concepto obviamente puede llamar a equívoco, pues el término «ario» ha sido adulterado y tergiversado por lo que fue toda la desviación del materialismo biológico y las tesis racistas del siglo XIX, el posterior nacionalsocialismo y, claro está, los estragos de la Segunda Guerra Mundial. Pero originariamente el término ario no dejaba de ser una palabra sánscrita muy antigua que utilizaban los indoeuropeos orientales que invadieron la India para referirse a sí mismos. Y ciertamente es un término que en cuanto a lo que aquí estamos tratando, bien merecerá la pena explicar y esclarecer y en si es posible liberar de los condicionamientos que lo marcaron durante el siglo XIX y XX. Más aún cuando *Areté*, *Aristeía*, *Aristoi*, o el castellano «aristocracia», poseerán la misma raíz que *Arya* o *Ariya*.

En este sentido, normalmente «ario» se traduce como los «nobles» o los «excelentes», o los «poderosos» o los «fuertes», y a nuestro entender si esto no se desarrolla y argumenta correctamente, resultará bastante incompleto y equívoco... Ario básicamente significaba una categoría espiritual vinculada a unos linajes y pueblos que se consideran de origen ancestral y en última instancia divino, en los que la referencia a dicha «arianidad», estaba a su vez asociada y supeditada a la idea de una realización espiritual. Entendida esta como una suerte de «segundo nacimiento» vinculado a un «proceso iniciático» o palingénesis por el cual, se dejaba atrás el estado «meramente humano», en cuanto estado meramente terrenal y condicionado por la ignorancia y la carencia, y se alumbraba al *Ariya*. Estado de Consciencia, presencia, aseidad, y gobierno interior, que entonces sí correspondía a los verdaderos «señores», a los *Ariyas*, a los *Aristoi* que diríamos aquí utilizando términos de la Grecia antigua, y que no son sino los que daban justa realización a su linaje y tradición. Los que dejaban atrás el estado de «ignorancia espiritual» en el que se entendía, transitaba la existencia del común de la humanidad...

Ario es así el «nacido dos veces». Primero de manera natural, y derivada de los «linajes ancestrales de origen divino»; y segundo de manera espiritual, a través del correspondiente «proceso iniciático» o palingénesis. Proceso por el cual esa «chispa divina», a pesar de su «encarnación» y entrada en el espacio/tiempo, en la materia y la biología, en el cuerpo y la mente, y en el consecuente estado de «ignorancia u olvido», esa «chispa divina» decimos, en virtud de ese supuesto «linaje ancestral», seguiría sin embargo cobijada en el centro del alma. En estado de latencia y a la espera de «despertar» y hacerse entonces «esencia presente». Dándose ahí cumplida realización al sentido mismo de dicha arianidad. Que no será otra cosa que ese estado de «unidad interior», de aseidad y correspondiente «liberación», que conlleva dicho «despertar». El cual, obviamente, no es sino el argumento central del *Arya Dharma*...

En este sentido la «arianidad», tal como aquí la acabamos de señalar, estaría en continuidad espiritual con esos conceptos tradicionales de *Agathon* y *Aristeía*, que derivados de la antigua Grecia venimos aquí trabajando y reivindicando como parte fundamental de la identidad tradicional europea. De la esencia de la Europa premoderna y, en contraposición, a la deconstrucción regresiva y correspondiente poshumanidad alienada y «mutante» de nuestro tiempo. Es decir, el tipo humano de la posmodernidad...

*

En este orden de cosas, la Tradición en cuanto a *Sophia Perennis* remite en su glosario el término *Arya/Ariya*, no a una suerte de materialismo zoológico al modo del racismo decimonónico y darwinista, sino a una vía de palingénesis o «regeneración y renacimiento» espiritual que, a su vez, no es sino axial a la cosmovisión tradicional en todas sus diversas variantes, ya sea de manera explícita, ya sea de manera implícita. Esto es: el Hombre llega al Mundo en estado de «ignorancia»... No llega «hecho y completo» y pendiente así tan solo de un posterior desarrollo biológico, personal y material que mejor o peor avenido es el horizonte último de su existencia. El Hombre, por el contrario, aparte de dicha dimensión contingente de la existencia, llega al Mundo en estado de «carencia», de «inconsciencia», de «olvido e ignorancia de sí», y necesitará entonces para su plenitud de un «segundo nacimiento». De un esclarecimiento espiritual o *Aletheia*, cuya consecuencia es ese viraje anagógico al «Centro». Al espacio interior de aseidad, centralidad, unidad e invulnerabilidad, que es liberación respecto de la dimensión de la mera egoidad o mera individualidad fenoménica y condicionada, puramente contingente e instrumental, con la que, sin embargo, «los parias del Mundo» viven unilateralmente confundidos... Como «embarrados» en el «charco y lodazal» de su mero psiquismo y mundanidad, como peces que apenas llegan a respirar y se agitan frenéticos en el cieno, sin llegar nunca a descansar del todo... Utilizando aquí en estos peces, la imagen dura que el budismo recoge para los hombres y mujeres ajenos a la vía y disciplina del *Arya Dharma*...

*

Esa posibilidad de «despertar», esa posibilidad de una «vertical unitiva», centrípeta y a la vez anagógica, que integra, galvaniza y eleva la personalidad más allá de la «máscara» de la mera individualidad, no es sino el contenido fundamental de la Tradición, entendida esta en su sentido más eminente.

En la médula de la cosmovisión tradicional, no se le han «cortado las alas» al Hombre al «bajar al Mundo» y no está así «capado» frente a la Trascendencia y frente «a Dios». Puede por el contrario recorrer mediante arduo esfuerzo, disciplina y determinación, la vía del «autoconocimiento y la Liberación». Vía que no es sino el argumento primero de la vida humana para los hombres y mujeres de la «Raza del Espíritu», los hombres y mujeres llamados a la *Aristeía*. Y esa *Áskesis* en sí misma, esa «disciplina del alma» en su propio ejercicio, vivencia, y práctica continuada, armoniza jerárquicamente la personalidad, el entendimiento y el campo mental, la voluntad y el carácter. Y se proyecta desde ahí hacia afuera al conjunto de la *Polis*, que a su vez estará llamada a reproducir dicha misma armonía, jerarquía y organicidad, en el conjunto de sus partes e integrantes. Dándosele entonces a la *Polis* esa misma dimensión anagógica que articula la personalidad y que así en círculo virtuoso anima de una esfera a otra, de la personal a la colectiva y de la colectiva a la personal, a asentar a todo el conjunto en el argumento primero de la vida humana... La *politeia* tradicional y premoderna y el discernimiento y lugar de «lo Importante y lo necesario», como ejercicio así de virtud y justicia. Personal y colectiva. Privada y pública. El *Dharma*, efectivamente, como eje de todas las cosas...

*

De hecho, e insistimos de nuevo en ello, si «frente a Dios» estás «capado espiritualmente» y se niega así ese horizonte de *Theosis* que aquí estamos recogiendo, y se niega de tal manera, que frente a la «Luz de lo Alto» se considera que nada tienes y nada puedes ni saber ni merecer, entonces sí, no quedará sino volcarse unilateralmente a una pura devoción exotérica, y su correspondiente rigorismo y «sumisión», como única vía posible hacia un horizonte de Trascendencia y al modo que lo hacen los puritanismos e integrismos religiosos. Si bien aquí y casi como contrapartida a los «obsesos de Dios», se abrirá entonces la posibilidad de que para «horizontes tan lejanos e inalcanzables», tan remotos e inasibles, la respuesta sea dar la espalda a dicha Trascendencia y dicho Dios «infinitamente lejano», y con desprecio y arrogancia antimetafísica, entregarse exclusivamente y sin más complicación al mero Mundo y la mera materia... Y hacerlo además como «liberación de las cadenas de la Tradición» como «descubrimiento» que, ahora sí, nos conduce a la verdadera libertad tras siglos de engaño y opresión religiosa. «Libertad mundana» cuyo protagonista, y esto es fundamental y revelador, no será sino ese mero yo fenomenológico que la Tradición trasciende, y por supuesto todo su psiquismo y emotividad. Toda su egoidad, personal y colectiva. Y aquí, la llamada impenitente a su autoafirmación, a «sus derechos». Siempre pendientes de terminar de completar... Llamada en realidad tan neurótica como falaz e inane que, sin embargo, enarbolada por la Modernidad como «conquista», apenas percibe el nihilismo que la anima y subyace, aunque su plasmación al final y sin embargo, sea de manera cada vez más palmaria, la enajenación y necedad de la poshumanidad de nuestro tiempo: desconstruida y globalizada, centrifugada y descentrada, desarraigada y «samsárica». Humanidad prometeica a través de cuya degeneración y decadencia resuena «la risa de los Dioses»...

*

Obviamente y como venimos señalando, ninguna de estas dos derivas, ni la del nihilismo religioso ni la del nihilismo moderno, hace parte alguna de la cosmovisión tradicional, de la Tradición con mayúsculas. Y en esta ni se reivindica en exclusiva y de manera unilateral una mera sumisión devocional y exotérica, ni se afirma, claro está, el mero abandono al Mundo del nihilismo moderno. Por el contrario, se plantea que no estamos «capados espiritualmente» y que hay así esencia superior a la mera existencia en alma humana. Y que dicha esencia es la potencia radical que debe ser puesta en acto y en cuya consecución se dilucida el «ser o no ser» de lo humano. Y no servirá ni escamotearlo o negarlo al modo del proyecto de vida y Hombre de la Modernidad, ni someterlo a una inasible «Gracia Divina», totalmente ajena e infinitamente distante a toda posibilidad y acción humana, al modo en que lo hacen los integrismos y puritanismos religiosos.

La Tradición muy al contrario es *Areté* y *Agathon*. Y es posible, a través de la correspondiente *Áskesis*, alcanzar dicha *Aristeía*. Y ese es el argumento primero de la vida humana. Desde ahí todo lo demás... Hay así un *Arya Dharma* para los hombres y mujeres de la «Raza el Espíritu», y a través de la correspondiente *Sadhana*, estos hombres y mujeres pueden llegar a encarnar dicho *Dharma*, dejar atrás su mera alma condicionada y convertirse aún «en el pico del buitre», en los *Ariya*...

Y este es el derecho y deber más hondo y más alto que corresponde al Hombre. Un derecho y un deber, ínsito, en su propia condición humana, y que no puede ser ni sustraído ni alienado aún a pesar de los estragos filosóficos y espirituales de la Modernidad, ni limitado o cancelado en virtud de las miserias y contingencias inevitables de la existencia mundana, ni siquiera puede ser tapado a través del fanatismo obtuso y cerril de los integrismos religiosos. Este derecho y deber es la propia esencia del Hombre de la «Raza del Espíritu». La estructura profunda y potencial de su ser. Y solo la propia ignorancia, indolencia, y debilidad, pueden mal lograr y dejar sin manifestar dicha esencia y potencial. Y ninguna «subversión de los parias» por rampante que sea, puede ni siquiera tocar dicho derecho. Y tampoco puede hacerlo ninguna tiranía de fanáticos religiosos por desquiciada que esta sea. Su potencial siempre está presente. Más allá de toda circunstancia. Como un destino. Como el destino y posibilidad más alta y más propia de los hombres y mujeres de la «Raza del Espíritu». Posibilidad de cuya consecución surgirá tanto el tipo humano de la *Aristeía* como las «leyes de oro» de la *Polis*. Y sea cual sea nuestro lugar y situación, esa, en primer lugar, debe ser nuestra labor...

LA TRADICIÓN Y EL CICLO PAGANO Y EL CICLO CRISTIANO

Dicho todo esto, y para la idea de «regeneración espiritual» que venimos aquí a señalar, hay que entender que, a lo largo del proceso histórico de Europa y Occidente, el tránsito que va «de la Tradición a la Modernidad», habrá conocido dentro del propio ciclo tradicional dos rostros diferentes: el rostro pagano y el rostro cristiano (católico y ortodoxo). Estos dos ciclos tradicionales de la Historia de Europa aun siendo muy diferentes entre sí, no serán dos rostros que debamos entender *per se* enfrentados, pues el verdadero antagonista tanto del cristianismo católico u ortodoxo como de la Europa pagana, habrá sido la subversión moderna...

Creer hoy día que el cristianismo tradicional y el paganismo son antagónicos es un error. Desde el cristianismo tradicional no puedes negar el paganismo sin negar a su vez a la Tradición, en su sentido mayúsculo, y su manifestación en la Europa antigua y pagana. Y desde el paganismo, no puedes negar el cristianismo tradicional, sin negar también dicha manifestación de la Tradición, en este caso en el ciclo cristiano y medieval de la historia europea. Los dos ciclos tradicionales, el pagano y el cristiano, son así los dos rostros sucesivos e interconectados del proceso tradicional europeo. De hecho, cuando la tradición cristiana llega a impregnar a la Europa antigua y pagana, en cierta medida endereza y reorienta a un paganismo ya un tanto degradado y decadente, que tiene en el bajo Imperio romano, especial momento de expresión. Pero es que al mismo tiempo ese primer cristianismo se filtra y se entrevera de fundamentos paganos que lo preñan hondamente y permiten desarrollar horizontes espirituales y tradicionales, que el más temprano cristianismo pareciera estar dejando de lado. Por tanto, paganismo y cristianismo tradicional, son dos rostros diferentes, pero no antagónicos de una misma realidad: el ciclo tradicional europeo. Y el verdadero antagonista de dicho ciclo tradicional europeo será la Modernidad...

Obviamente hay que señalar aquí y subrayar, claro está, que en cualquier caso, tanto el ciclo tradicional cristiano como el ciclo tradicional pagano, habrán tenido luces y sombras y, por tanto ambos ciclos habrán sido portadores y reflejo de la «Tradición Eterna», de la Tradición como *Sophia Perennis*. Pero también y aun siendo así, habrán tenido inevitables limitaciones, imperfecciones, desviaciones y caídas. Pues no hay nada en el mundo «manifestado» que no esté afectado por la contingencia y no esté llamado a flujos y reflujos, ascensos y caídas, elevaciones y decadencias.

En este sentido, ambos ciclos habrán sido vehículo de la «Tradición Eterna». De la forma matriz, por decirlo así, «platónica», de la que toda concreción histórica, contingente y «espacio temporal» del mundo tradicional no deja de ser manifestación y reflejo. Sea dicha concreción y manifestación pagana o cristiana, y según el momento, más o menos afinada, alineada o desviada.

Es decir, y hablando aquí por boca del platonismo, toda tradición que aparece en el «espacio-tiempo», que aparece concretada en la historia humana, es reflejo aproximado y más o menos afinado, de la «Tradición Suprema que está en los Cielos». Y tanto la tradición pagana como la tradición cristiana habrán sido manifestación, reflejo y aproximación, de dicha Tradición eterna y primordial. Y por eso habrán sido vehículo de la Verdad, aun a pesar de su correspondiente desviación y decadencia. Lo que las hace a su vez fuente de inspiración y aprendizaje, pero no lugar al que se pueda regresar. «Ruinas inspiradoras», pero no «lugar vivo» al que volver para «escapar» del nihilismo de la Modernidad. No funciona así. No es posible así[2]... Pero si es desde dicha inspiración y enseñanza que se puede abrir «la escotilla del alma» al aire puro de la «Vertical y el Centro»... Encontrar la escala a la

2 Señalar aquí pues es un tema relevante que no entraremos a desarrollar cómo la *Sophia Perennis* puede ser planteada como una teodicea o *Semina Verbi* que queda completada con la Revelación en Cristo. Las enseñanzas de la Tradición de este modo, como presencia del Espíritu Santo hasta la teofanía definitiva con Cristo. Siendo entonces que dicha sabiduría perenne puede ayudar a la comprensión y esclarecimiento de la tradición cristiana, como históricamente habría pasado con Platón o Aristóteles, y también aportar en cuanto a esclarecer el cariz de los tiempos escatológicos o el significado más hondo del misterio trinitario. En todo caso es una cuestión en la que nosotros acá no entramos a debatir.

posibilidad de la «vertical centrípeta, anagógica, unificadora e integradora» de la personalidad, que preconiza la Tradición. Que preconiza la *Sophia Perennis*, y que se contrapone de manera absoluta a la «antropología samsárica» de la Modernidad. La Tradición así en su sentido más profundo y radical, como un proyecto de Hombre y sociedad antagónico al Hombre y sociedad del nihilismo posmoderno, deconstruido y globalizado, enloquecido y fanatizado, de nuestro tiempo...

En este orden de cosas, dichos ciclos tradicionales, pagano y cristiano, deben entenderse tanto en cuanto a vehículos de la cosmovisión tradicional como en tanto espitas para derivas subversivas y disruptivas, «sombras de subversión», que habrán preparado al propio ciclo tradicional para adulterarse y debilitarse desde dentro, y finalmente y tras un proceso de varios siglos, dar lugar a la posibilidad y triunfo de una civilización profana y desacralizada. De una civilización moderna. Civilización moderna que, como no nos cansamos de señalar, tendrá su contraimagen en la civilización integrista y fanática de los «obsesos de Dios» que vemos hoy día en el salafismo. Unos y otros, consecuencia del proceso de desviación y decadencia acaecido en la cosmovisión tradicional.

A partir de aquí conviene que echemos una somera mirada a cómo es la llegada del ciclo moderno y qué supone este para los hombres y mujeres de la Tradición, para el tipo humano de la «Raza del Espíritu». Para desde ahí pergeñar, aunque sea mínimamente, una cartografía del momento presente y una primera «agenda» de regeneración...

*

Yendo a los orígenes mismos de esa tradición indoeuropea que antes traíamos a colación, encontramos en ella, y ya en tiempos tan remotos como la Edad del Bronce, «la perla suprema» de la cosmovisión tradicional. Esto es: el principio de «no dualidad» o «identidad suprema». La continuidad ontológica entre «el Absoluto», la «fuente del Ser» y la esencia misma del Hombre y el Mundo. Lo hemos llamado antes «intuición cosmoteándrica».

Así ya en los textos más antiguos del *Sanatana Dharma*, se plantea que más allá de las graduales capas que constituyen al yo meramente individual y fenomenológico, su núcleo esencial y supraindividual sería Uno con el «Principio Supremo». Y a esta unicidad y «centro» se «despertará» a través del proceso religioso. Del proceso del *re-ligare* o religazón del «alma», con su fuente trascendente y supraindividual. Proceso que estará llamado a constituir el fundamento superior y primero de la religiosidad, que supondrá siempre una disciplina de descondicionamiento, autoconocimiento y gobierno de sí más allá de toda egoidad o pura entidad samsárica y meramente existencial, y que señalará hacia esa «religazón» e identificación del Hombre con su raíz trascendente. Religazón sin la cual la vida será pura ignorancia y carencia, y «chapoteo incesante en el lodo» de la mera mundanidad... La vida humana en *Avidya* o «ignorancia espiritual», como vida así regresiva y alienada respecto de la propia potencialidad espiritual del Hombre. Como vida desperdiciada...

Esta «raíz metafísica», este «centro y fuente» del Ser, será a la vez inmanente a su propia manifestación, cósmica, universal y personal; y su principio de aseidad, aun en el plano cambiante y contingente de la materialidad, no dejará de estar presente y en continuidad con la vida y el Mundo. Siendo entonces que la vida y el Mundo serán «umbral» para la realización del «misterio de la unidad» entre la inmanencia y la trascendencia. Misterio que no se resolverá ni «en los ángeles ni en los dioses», ni en los animales y plantas, sino en la plenitud del potencial espiritual de lo humano.

El Hombre así como el único ser que puede transitar el mundo manifestado, y toda su dimensión contingente y cambiante, y sin embargo no quedar «tapado», confundido o alienado en dicha mundanidad y devenir, sino abierto a la dimensión de la trascendencia. Uniendo en su ser la «realidad toda»: «horizontal y vertical», «natural y sobrenatural», «inmanente y trascendente». Esa misma existencia terrena en la que corres el riesgo de «olvidarte, confundirte y perderte», de no saber quién eres y qué debes, convertida a través de las enseñanzas de la Tradición y de la correspondiente *Áskesis* y *Areté*, en prueba y oportunidad «de lo más». De aquello que hasta los «dioses mismos» pueden llegar a envidiar... El *To Agathon* platónico que el Hombre está llamado a «hacer suyo» y encarnar.

*

Dicho todo lo anterior, maravilla rastrear cómo de la ancestral metafísica y soteriología de las Upanishads, a la noesis platónica de la Grecia clásica, se daría una línea de «consanguinidad espiritual» que se continúa a su vez en la *Ataraxia* estoica y romana, y que incluso resuena en la consigna evangélica del «reino de Dios está dentro de vosotros», «buscad y encontraréis», y en el propio Cristo afirmando: «Yo y el Padre somos Uno»... Diferentes vestiduras, grados, vehículos, sociedades y épocas, de unos mismos troncales de la cosmovisión tradicional. De la Tradición como *Sophia Perennis*.

Troncales que de otra manera, pero en el fondo análogo, encontraremos en las tradiciones céltica y germánica, a través de la «divinización heroica» del guerrero. A través de la *Apotheosis* heroica del guerrero del mundo céltico y germánico... De los galos luchando desnudos y en inmolación heroica en la batalla de Telamón, a los cántabros en Hispania entonando himnos de victoria aún clavados en las cruces romanas. De los *Einherjar* del mundo vikingo, «cosecha» de guerreros muertos en combate para Odín en el Valhalla, y para la batalla final del Ragnarok; al viaje iniciático de «Conn de las cien batallas», en la mitología irlandesa, al «mundo secreto» del *Sidhe* y su encuentro allí con el gran dios celta Lug, que en forma fantasmal y mediante recitación poética, le anunciará su destino como rey... Todo ello entreverado de una misma vocación anagógica de superación de lo «meramente humano» en pos de una *Theosis* que aquí se alcanza, a través de la ética heroica y de su llamada a la épica. Tanto en lo recogido en las fuentes históricas, como en lo que nos llega a través de las fuentes literarias. Ética heroica y *Apotheosis* que apuntará hacia ese mismo punto de fuga y convergencia entre «la trascendencia y la inmanencia», en alma humana, y como expresión del máximo potencial espiritual del Hombre y del significado último de su existencia.

Distintas expresiones así, de mayor o menor claridad y profundidad, en distintos planos de la existencia humana y en distintos pueblos y tradiciones y en un amplio espectro espacio temporal, que responden a una misma vocación espiritual y de trascendencia. Vocación en la que el «mundo manifestado» y el plano del devenir, podrán ser vía y umbral para la trascendencia y el plano del Ser, aún incluso en la experiencia sangrienta y traumática de la guerra…

Aun en las experiencias más duras de la contingencia, o incluso quizás por dicha dureza, la posibilidad así de «religazón» del alma respecto del Espíritu, ni se niega ni se cierra, y la existencia terrena del Hombre no deja de ser entonces «escala» para dicha «religazón». Para la «síntesis» de trascendencia e inmanencia en el centro mismo del ser humano. Siendo esta la significación más alta de la vida humana, su máximo potencial, y el pilar mismo que debe articular personalidad y sociedad. No dándose lugar ni al Hombre «espiritualmente capado», para el que la vía a lo Alto ha quedado cerrada, y solo le queda la «sumisión» religiosa de los integristas y puritanos. Ni el Hombre profano, «espiritualmente tapado», del materialismo y el nihilismo moderno. Hombre al que solo le queda el agitarse sin descanso y sin parar, como un «pez atrapado en un charco y lodazal». Vida «en el barro» que a veces no puede evitar detestar, pero que otras tantas lo engolosina atrapándolo todavía más…

*

Ahora, este universo espiritual, religioso e histórico, en el que se manifiesta de tan diversas maneras la cosmovisión tradicional y especialmente a lo largo y ancho del antiguo mundo indoeuropeo y sus distintas ramas y derivaciones, es un universo que en su proceso histórico habrá tenido luces y sombras, caídas y desviaciones, sin las cuales, sería imposible haber llegado al momento de postración y degeneración presente. Tanto así y cómo hemos indicado anteriormente, que el ciclo pagano y el ciclo cristiano, aun vehículos de la Tradición, habrán terminado por no mantener su fuste y raíz y preparar el terreno a las subversiones, decadencias, distopía, e integrismos, de nuestro tiempo.

Merece la pena acá señalar cómo en ese medievo, que habría sido un momento de especial plenitud tradicional, el desarrollo sin embargo de eso que hemos llamado genéricamente el «cristianismo güelfo», anunciará el cierre y fin de dicha tradicionalidad medieval europea. Pues se ahondará ahí en subrayar la distancia ontológica entre el Hombre y la Gracia, y se desarrollará ese nominalismo antiplatónico y antimetafísico que preconiza Guillermo de Ockham, y que no es sino la muerte del armazón filosófico de la tradicionalidad medieval de Europa... Esta caída de grado tendrá su consecuencia paradigmática dos siglos después, cuando Lutero y los protestantes dinamiten desde dentro la Cristiandad. Tanto en cuanto a su fragmentación religiosa, como en cuanto a su negación absoluta de la posibilidad de mérito espiritual frente a Dios y la trascendencia. Negación que cómo ya hemos indicado anteriormente, supone la subversión total del espíritu tradicional europeo. Ya sea respecto del ciclo pagano, ya sea respecto del ciclo medieval cristiano. Del mismo modo ese nominalismo de Guillermo de Ockham, esa «vocación» antiplatónica y antimetafísica de Ockham, cosechará sus frutos siglos después con el desarrollo del empirismo británico y de la Ilustración inglesa, punto de partida de la subversión general europea que supone la Ilustración. Dando desde ahí el salto a Francia, después a Alemania, e incluso a través de los Borbones a España. Donde a pesar de la solidez escolástica de la filosofía española del Siglo de Oro, esa misma subversión tendrá su arraigo durante el siglo XVIII.

En este sentido no se puede dejar de indicar aquí como a despecho de muchos tradicionalistas, que cierran la historia de la Tradición en Europa, con el fin de la Edad Media, esa España del Siglo de Oro, será sin embargo continuación del ciclo tradicional. Y lo será precisamente a la contra de la subversión moderna que a través de los protestantes corroe Europa.

El Imperio español debe ser así entendido, y más allá de sus diversas contingencias, como continuación del proceso tradicional europeo. Continuación a la contra de su antítesis: la Europa cancerada por la subversión protestante.

La «Gracia suficiente y eficiente», la «salvación por las obras», el «mérito espiritual» y el ideal del santo y el ideal del héroe, la «monarquía universal» y el «derecho de gentes», y en general los distintos rasgos característicos de la Monarquía Hispánica en cuanto a su sostén filosófico, como continuación y actualización así de la tradición clásica europea, y frente a quienes la subvierten desde dentro, para generar un antitético horizonte espiritual, histórico y filosófico. Horizonte que no es sino el de la «anti-Tradición». Que no es sino el de la subversión moderna gestada en gran medida en el protestantismo.

La España del Imperio y del Siglo de Oro, más allá de sus contingencias, de sus «luces y sombras», y a pesar de sus contradicciones, decadencia y caída, no deja de ser en este sentido y, en todo caso, continuación del aliento originario de la cosmovisión tradicional. De la Tradición con mayúsculas frente a la subversión moderna que articulará la Europa protestante, frente al rigorismo fanático del monoteísmo islámico y frente al salvajismo antropófago de aztecas e incas. Tres frentes. La España del «vengan cuando quieran» en Castelnuovo, la España del «nada te turbe, nada te espante» de santa Teresa, la España de los niños de Murillo y el entierro del señor de Orgaz, la España de don Juan de Austria en Lepanto y del Gran Capitán en Italia frente a Francia, la España del Amadís de Gaula y don Quijote de la Mancha, de la Escuela de Salamanca y Francisco de Vitoria, de la prudencia de Baltasar Gracián y el senequismo de Quevedo, la España de los borrachos de Velázquez y el Lazarillo de Tormes, la España de Felipe II y la sala de batallas del monasterio de El Escorial, la España del *Finis Gloria Mundi* de Valdés Leal y el Barroco, la España de la música sacra de Tomás Luis de Victoria y los ejercicios espirituales de san Ignacio de Loyola, la España de la hazaña de

Francisco Montaño subiendo al volcán y bajando a su cráter y de la «noche triste» de Hernán Cortés... la España grandiosa y deslumbrante del Imperio y el Siglo de Oro no solo como maravilla de la historia de la humanidad, sino sobre todo como *katechon* o poder histórico y obstáculo providencial frente a las fuerzas de la subversión protestante y el fanatismo islámico, y como fuerza liberadora en las Américas frente a la tiranía azteca e inca y la irracionalidad antropófaga. El Imperio español como continuación y manifestación así del *Christianum Imperium* y, desde ahí, como poder histórico y providencial del mundo de la Tradición, frente a «la aparición del anticristo y el fin del eón tradicional»... Fin cuyas consecuencias no serán, sino la civilización posmoderna que hoy día padecemos... Pues esa España *katechon* fue derrotada en la paz de Westfalia y el fin de la preponderancia de la Monarquía Hispánica, dio paso a un siguiente ciclo del proceso histórico europeo. Ciclo en el que, ahora sí, las fuerzas de la subversión no tendrán apenas resistencia en su frente para establecerse como hegemónicas, y tanto será así que en poco más de un siglo nos encontraremos con el estallido de las revoluciones ilustradas, americana y francesa. Comenzaba ahí la Edad Contemporánea, madre de los desafueros de nuestro tiempo... Y a pesar de las resistencias que pudieron darse hasta mediados del siglo XX y sobre todo durante el XIX, a la contra de dicho proceso de subversión, su proyecto finalmente venció, se asentó e imperó. El proyecto de subversión moderna, gestado cuatro siglos antes, con Lutero, Calvino y el fin de la ecúmene de la cristiandad, y dado a luz después con las Revoluciones americana y francesa, adquirió así hegemonía mundial durante el siglo XX. Y su fruto maduro es hoy día la Babilonia globalista, deconstruida y posmoderna por la que transitamos...

*

Y es que la derrota de España frente a la Europa protestante no siempre se ha entendido en todo su calado y profundidad, y supone un cambio de fase tremendo. Es de hecho la primera «guerra mundial» europea, en el sentido de que es una guerra entre dos concepciones del Mundo contrapuestas, y no una mera guerra de «juego de tronos» y voluntad de poder.

El obstáculo o *katechon* que suponía así el Imperio español como poder histórico frente a las fuerzas de la subversión que suponía la Europa protestante, quedó apartado en gran medida con la paz de Westfalia, siendo entonces que dichas fuerzas subversivas, encarnadas mayormente en dicho protestantismo, iniciaron un proceso de hegemonía creciente, en el que a pesar de las guerras de contrarrevolución y resistencia habidas desde finales del siglo XVIII y hasta mediados del siglo XX, su fuerza finalmente se impuso. Tres siglos tras la derrota española en Westfalia en los que más allá de las distintas contrarrevoluciones, e incluso de momentos de aparente posibilidad de restitución, e incluso actualización tradicional, se culmina con la victoria del bando de la subversión. Desde mediados del siglo XX la contrarrevolución también ha sido así derrotada. Como lo fue el *katechon* español a mediados del siglo XVII... Y ese mundo de «victoria babilónica», primero contra España y después frente a la contrarrevolución, es el que se ha desplegado en los últimos 80 años. Y nuestro tiempo de «poshumanidad deconstruida y mutante», no es sino su hijo predilecto...

*

Y ese es el punto en el que nos encontramos ahora. El mundo nihilista de la posmodernidad contemporánea y su vocación de seguir avanzando hacia siempre renovados horizontes de «progresismo y emancipación», mientras delante e incluso dentro de sí, en sus ciudades y barrios, las «hordas de Gog y Magog» del fanatismo salafista no dejan de reafirmarse: los «obsesos de Dios» del monoteísmo islámico. Los «orcos» del fundamentalismo islamista... Emergiendo a su vez y frente a este doble polo de «decadencia moderna o fanatismo religioso», diversas repuestas y alternativas, en distintos enclaves de los márgenes del tablero internacional, respuestas todavía espiritualmente inanes e inorgánicas y mayormente desorientadas ideológicamente e invertebradas entre sí. Respuestas que por ahora tendrán básicamente el valor de un síntoma. De un anhelo de salir del atolladero moderno y cruzar «al otro lado del nihilismo», trayendo de vuelta y actualizando algo «perenne» ahora olvidado. Algo que, por perenne, pueda ser siempre presente…

*

En este sentido, conviene para hacerse cargo de los tiempos que corren entender, que tanto lo que fuera el *katechon* hispánico como lo que fueran las respuestas contrarrevolucionarias decimonónicas, como lo que fueran incluso las alternativas y contestaciones que de diversa índole e inspiración, vocación y lucha, pudieran haberse dado hasta mediados del siglo XX, todo ello quedó finalmente vencido por la «Babilonia» de la Modernidad. Tanto así, que una vez agotado ese periodo histórico de confrontación y resistencia frente al despliegue de la subversión, se producirá un corte. Un corte como no había habido nunca hasta ahora…

El «hilo» que unía los distintos ciclos históricos tradicionales, del paganismo al cristianismo, y sus distintas épocas y periodos, se partirá. Y se generará un hiato que nunca antes lo había habido y que dará lugar a que ya no habrá una conexión que mantenga unido el devenir histórico del ser humano, con las formas propias y vivas de la Tradición. Formas tradicionales históricas concretas, espacio/temporales, capaces de «re-ligar» al Hombre a la Tradición Eterna. El Hombre quedará ahora «a la intemperie»… A la intemperie de sí mismo, de su mera egoidad y del horizonte «luciferino» de «emancipación/ofuscación»: «la Libertad os hará verdaderos, frente a la Verdad os hará libres»… Una intemperie espiritual como nunca antes había existido. Sin apenas ninguna forma de tradición histórica realmente viva, capaz de llevar y conducir al Hombre a la Tradición Eterna y más allá de la dimensión puramente fenomenológica de su personalidad y su existencia. Solo quedarán ruinas… Inspiradoras y aleccionadoras, pero ruinas. Reflejo y enseñanza de lo perenne y atemporal, apenas puerta espiritual y escala para el alma, pero entre las ruinas y «a la intemperie»… Y es entonces que, ahora sí, se cruzará el meridiano cero del nihilismo. Se arribará a la «medianoche del Mundo». Al ecuador del Kali Yuga… Ahí estamos.

LA TRADICIÓN EN LA «MEDIANOCHE DEL MUNDO»

Sin embargo, «la luz de lo Alto» ni se aparta ni decrece. No está simplemente en la horizontal del discurrir histórico y sus contingencias, y en el marco de las cosas humanas que vienen y van. No depende así ni está unida fatal y unilateralmente a ninguna religión, libro sagrado, fundador o profeta y sus correspondientes procesos y desgastes. Si no que es el sostén y estructura misma de la realidad universal. Es lo Real con mayúsculas, no una mera creación humana, y no puede así ser sustraído de la ecuación, pues es el origen mismo de toda ecuación y su sostén. Es la «Vertical» y el «Centro», es lo Eterno, presente absoluto y siempre presente, en el «centro del alma y del Mundo», y más allá de lo que el alma y el mundo puedan o quieran saber de «la luz de lo Alto»… Opera así sobre la realidad universal siempre y en todo lugar, es su fuente, sostén y estructura de fondo y lo es, más allá del olvido o repudio de los Hombres y del devenir continuo del tiempo y las cosas. Pues es la Realidad suprema, el «centro de la rueda», el «sol eterno», la «fuente del ser». Ni se aparta, ni se agota… Y la presencia así del Espíritu, del «fuego secreto», en el corazón del Hombre, se mantiene siempre y nunca deja de ser el argumento primero, aunque la vida en el devenir olvide o niegue. Permanece siempre. Latente aún en la «Edad Oscura» a la espera de ser «despertado». Capaz así de hacer de toda circunstancia, ocasión propicia para la forja del alma en dicho «fuego secreto». Para la «forja de la espada» que es anuncio del «Retorno del Rey»…

Es tiempo así de «montaraces» puestos a prueba «a la intemperie de la Edad Oscura». Tiempo de «caballeros del Grial» purificados en su búsqueda a través de la «Tierra Baldía». Tiempo de «guerreros lobo» en la medianoche del Mundo convirtiendo la noche, en oportunidad… El hilo se ha roto sí, pero, precisamente, esa será nuestra ocasión y no nuestro lamento... Ocasión de un nuevo comienzo, de una renovada actualización del Espíritu, desde lo que no puede romperse, desde la «Vertical y el Centro»... Una «Restauración del Reino» que empieza en nosotros mismos, en la disciplina de «la Vertical y el Centro», y en la que nosotros mismos estamos llamados a ser semilla y vanguardia, anuncio de un nuevo tiempo...

*

Entendemos entonces que el ciclo tradicional pagano y el ciclo tradicional cristiano, independientemente de todo lo demás, habrán terminado. Entendemos entonces que todo eventual *katechon* que pudo haberse dado en el pasado, quedó apartado. Entendemos entonces que toda contrarrevolución fue derrotada, desnortada o fracasada. Entendemos entonces que la «undécima hora» quedó ya atrás y se ha hecho de noche... Entendemos entonces que hemos cruzado el meridiano cero de la Edad Oscura, que hemos arribado a un tiempo como nunca antes hubo. Un tiempo que generará ocasiones y oportunidades que nunca antes se dieron. Y esas son el *Kairós* de nuestra época, la vía del Guerrero Espiritual de nuestro tiempo...

En este sentido, más allá de lo inspirador, aleccionador y doctrinalmente sólido que podamos encontrar en las formas tradicionales del pasado, incluso en aquellas que han logrado prolongarse desde antiguo hasta casi el presente, su fuerza será ya más la de un indicativo, utillaje y brújula, inspiración, formación y enseñanza, que la de un cuerpo vivo del que formar parte. Y si bien hay aguas de manantial sanador que podemos encontrar en la antigua Grecia, en la Cristiandad medieval, en la España de la Reconquista y del Imperio, o incluso en los movimientos contrarrevolucionarios y antimodernos de los últimos tres siglos, lo cierto es que el tiempo de todos ellos habrá terminado, porque habremos cambiado de fase. Se habrá cruzado ya el meridiano cero de la Edad Oscura y nos habremos adentrado, definitivamente, «en las sombras del Kali Yuga». Y este, y debe subrayarse, es el dato más radical y fundamental de nuestro tiempo, el punto de partida que no podemos perder de vista: estamos en la «Edad Oscura» y hay que asumir que ha llegado la poshumanidad del nihilismo. Hay que asumir que hemos cambiado de fase y que la Modernidad triunfante es una ruptura total, y que ya no habrá un hilo de continuidad, por sutil que fuera, que nos conecte de la Edad Contemporánea, a los ciclos tradicionales. Se ha producido así un salto, una fractura nunca antes habida. El «eslabón de la cadena» que tendría que habernos mantenido unidos con la tradición europea, pagana y cristiana, se ha roto, y estamos ahora ya en «otra cosa», que es a su vez antitética a toda cosmovisión tradicional, ya sea de un signo u otro, y hay que asumir, así como dato radical de nuestro tiempo, esa «medianoche del Mundo»: estamos «a la intemperie»... Transitamos «la Tierra Baldía». Los anclajes que teníamos con la Tradición Eterna a través de su presencia en el ciclo pagano y en el ciclo cristiano se han perdido, y ahora estamos sumergidos en la «medianoche del Mundo», en la «Edad Oscura», en la «Edad del Hierro», en el Kali Yuga...

*

Siendo así, nos equivocaremos si hacemos del pasado inspirador un fetiche, un «ídolo», con el que creer que podremos sortear la problemática de nuestro tiempo y de la Modernidad. No valdrá así hacer un fetiche de los pueblos de la Edad del Hierro, los celtas y «los druidas» o de la Roma alto imperial y los césares, o de los bárbaros godos y francos y Carlomagno, o de las órdenes monástico-guerreras del medievo y la orden del Temple, o del Imperio español y el Siglo de Oro, o de las fuerzas de la contrarrevolución. Todo ello terminó... Puede ser efectivamente inspirador y aleccionador, pero su ciclo concluyó. Ahora son «ruinas del pasado»... Inspiradoras y aleccionadoras, pero ruinas y cenizas. Y «adorar esas cenizas» no es portar el «fuego secreto», no es «blandir la espada» contra el mundo moderno, no es responder a las contingencias de la «Tierra Baldía» en la que ya estamos. Y básicamente esto significa que el ciclo tradicional pagano y el ciclo tradicional cristiano pueden ser fuente de inspiración, de lecciones de sabiduría y virtud, de enseñanzas y ejemplos, de doctrina y práctica, pero no se puede «volver allí»… El ciclo tradicional europeo ha terminado. Sus «ruinas y cenizas» son inspiradoras e invitan a recordar un camino perdido que ahora debe volver a hacerse y encontrarse, pero no se puede volver atrás… No se puede ya desde el recuerdo del pasado querer decretar el futuro, pues ese pasado es lo que fuimos, pero ya no «está en nosotros» como continuidad histórica. Con el ciclo moderno se ha producido un corte e hiato y estamos ahora ya en «otra cosa». Otra cosa que ha surgido, además, a la contra de dicho pasado…

Tenemos así que asumir «la Oscuridad»: hemos llegado a la «medianoche del Mundo». Y los medios que tuvimos en tiempos del ciclo tradicional pagano o del ciclo tradicional cristiano, o en los *katechon* y contrarrevoluciones habidas, están hoy día mellados, oxidados o derrumbados. Por grande que sea su capacidad de inspiración y enseñanza, y aun bebiendo de esa fuente, ya no están activos y presentes como «fuerza viva del Espíritu». Son ruinas… Y esto nos obliga a apelar a la cosmovisión tradicional en su sentido más perenne y vertical, más central y profundo, más suprahistórico e ideal en el sentido platónico del término. Y buscar ahí, en esa dimensión supratemporal y absoluta de la cosmovisión tradicional, las respuestas que nuestro tiempo demanda. Teniendo a su vez en las perlas y joyas que perviven y nos lega la tradición, en su sentido más histórico y contingente, reflejo de dicha dimensión absoluta de la Tradición, y orientación y guía para cruzar al otro lado de la Edad Oscura…

En este sentido cabe preguntarse: ¿qué dice la «Tradición Eterna» del Kali Yuga? ¿Qué herramienta y esperanza nos da?… Y es que efectivamente la cosmovisión tradicional en todas sus formas y expresiones, con mayor o menor detalle, advirtió siempre de que llegaría la Edad Oscura. De que se arribaría a la «Medianoche del Mundo». Ofreciendo para tal momento y ocasión una vía de acción, empoderamiento y liberación, que bien podría resultar «herética» a ojos de una espiritualidad especialmente pasiva, contemporizadora o resignada, pero que será por el contrario la más alta vía del «Guerrero Espiritual». Aquí la fórmula por excelencia nos llegará del *Sanatana Dharma* y no será sino la imagen ya clásica y paradigmática de «Cabalgar el Tigre».

De «convertir el veneno en elixir», la «oscuridad en oportunidad», la «bestia del fin del Mundo», en montadura «para nuestras espuelas»... De hacer paradójicamente de la «Edad Oscura», la ocasión idónea para decantar justo lo contrario, para contrastar justo lo contrario en toda su pureza. Haciendo así de esa misma oscuridad y desafuero del Kali Yuga, la ocasión ideal para reconocer, redescubrir y hacer emerger en nosotros, aquello que es su antagonista total. Antagonista que, además, no dependerá ya de nada de lo dejado atrás por el tiempo y la historia, sino que será presencia inmutable y perenne, «Vertical y Centro», de aquello que nunca puede quedar atrás y siempre puede reencontrarse, renovarse y actualizarse. Como un «fuego secreto» que precisamente llegada la medianoche del Mundo y oscurecidas mentes y corazones, se hace especialmente perentorio su búsqueda y regreso... «La restauración de su Reino». Viajamos aquí de Oriente a Occidente y son ahora las imágenes del ciclo del Grial y la caballería medieval las que nos dan claves para afrontar la «Tierra Baldía» de la Modernidad: «la Prueba del Grial, la forja de la espada y el retorno del Rey». Tres imágenes arquetípicas y sucesivas que ahora desde la propia Europa dan claves a los hombres y mujeres de la «Raza del Espíritu» para los tiempos de la Edad Oscura. Para hacer suyo este tiempo desnortado, esta «Tierra Baldía», y no vivirlo en desánimo o rendición, si no en animosa prueba, búsqueda y forja interior «a la intemperie», que no es si no mérito frente al Grial y preparación para «el retorno del Rey»...

«Cabalgar el Tigre» y «la Prueba del Grial». Y más atrás en el tiempo y también en la tradición europea, la Grecia clásica y hesiódica, y la «raza de los héroes» frente a la oscuridad de la Edad del Hierro. Un ciclo heroico capaz de revertir el proceso de decadencia y oscuridad espiritual y de hacer incluso de dicho tiempo de tribulación, impulso contrario para traer de vuelta una nueva Edad de Oro.

Encontramos en este sentido también en la tradición clásica griega claves para esta Edad Oscura, señalándose una secuencia cronológica de caída y descenso progresivo desde una Edad de Oro, a una Edad de Plata, de ahí a una Edad de Bronce para finalmente arribar a una última y oscura Edad de Hierro. Secuencia de caída progresiva que no sería si no el proceso de alejamiento paulatino del Hombre respecto del plano del Ser hasta abismarse totalmente en el plano del mero devenir. Allá donde todo queda centrifugado, descentrado, confundido y entremezclado, arrastrado por la «inercia samsárica», «exteriorizante» y cada vez más acelerada y alejada del «Centro», hasta alcanzar los aberrantes estados de ignorancia espiritual de la poshumanidad contemporánea.

Sin embargo, esta caída no sería fatal ni destino irrevocable, pues es precisamente en el oscurecimiento de la Edad de Hierro que surgirá para esa tradición clásica grecorromana la oportunidad de un «ciclo heroico». De un ciclo de lucha y restauración en el que aquellos que en virtud de su «ancestral linaje divino» estén llamados a «emular a Perseo», tendrán ocasión de actualizar dicha «Raza del Espíritu» y afrontar de nuevo la empresa de «decapitar a la Gorgona», «derrotar al monstruo de las aguas», «liberar a Andrómeda» y «salvar el Reino». Siendo esta la mayor empresa, misión y argumento que puede caber en la vida humana... Virgilio ya en tiempos de Roma y conforme a esta idea arquetípica de restauración heroica escribirá: «La edad última de la profecía de la sibila por fin ha llegado... He aquí que renace el gran orden de los siglos y retorna la Virgen, retorna Saturno (dios de la Edad de Oro), y una nueva generación desciende de lo alto de los Cielos... ¡Dígnate, oh, casta Lucina! de ayudar al nacimiento del Niño con el cual la raza del hierro (la raza de la última edad) concluirá, y sobre el mundo entero se levantará la raza del oro (raza de la Restauración), y he aquí, que reinará Apolo (dios de la Luz). ¡Vida divina recibirá el Niño al que yo canto, y verá a los Héroes mezclarse con los Dioses, y él mismo con ellos!» (*Eclog.*, IV, 5-10, 15-18). Este tono heroico e intención profética de los cantos de Virgilio se verá reforzado en los pasajes del mismo texto que más adelante hacen referencia a la muerte de la gran serpiente o dragón (*Ibid.* 24) y a un grupo de héroes que afrontarán de nuevo la aventura y empresa del vellocino de oro y los argonautas (*Ibid.* 33). Todo ello imágenes simbólicas de un canto al papel de héroe en la reordenación y restitución del Mundo a la Edad de Oro, una vez se arriba la medianoche del Mundo en la Edad Oscura.

El «camino del Héroe» de este modo, como la llamada que tiene Europa ínsita en su alma, desde sus tiempos fundacionales, de reacción frente a la llegada de la Edad Oscura. El arquetipo heroico como Némesis frente a la Edad del Hierro, y la propia era de la decadencia y la degeneración, como ocasión y oportunidad para la forja y labor de dicho arquetipo heroico.

Desde Oriente y desde Occidente distintas ideas complementarias y convergentes apuntando en una misma dirección, que de nuevo en Oriente y a la manera lacónica del budismo tenemos también con esa imagen tan propia del estilo de la «doctrina del Despertar» y que nos dice: «los *Ariya* permanecen impasibles en el Pico del Buitre»...

Y ahí claves simbólicas del mundo de la Tradición para el Hombre de la «Raza del Espíritu» y para los tiempos del Kali Yuga: permanecer impasibles... y «el camino del héroe y la prueba de la Tierra Baldía» y «derrotar al Dragón y Cabalgar el Tigre»... y «forjar la espada y propiciar el Retorno del Rey».

La «ascesis heroica» y su lucha misional y sagrada, dentro de nuestra propia alma y en el Mundo, con la propia medianoche del Mundo, como oportunidad paradigmática para llevarlo a cabo en su total pureza y máxima posibilidad... Encarnando ahí el estandarte y vanguardia, del nuevo amanecer por llegar...

EL CAMINO DEL HÉROE Y LA TIERRA BALDÍA...

A partir de aquí, algunas cuestiones fundamentales que debemos señalar, aunque no podamos acá desarrollar al detalle y que en próximos capítulos volveremos a trabajar: ¿cómo comprender exactamente y a efectos prácticos qué es el «Camino del Héroe», qué es «la prueba de la Tierra Baldía», qué es «Cabalgar el Tigre», qué es «la lucha con el Dragón», y cómo se implementa en nuestras vidas, tanto a nivel de actitud vital y existencial como de técnicas prácticas y operativas a implementar en nosotros y nuestros hábitos y estilo? Veamos...

En primer lugar, una idea fuerza e impronta de actitud y vocación: llegada «la Edad Oscura», que aquello que en tiempos de menor tribulación podía ser considerado casi herético o arriesgado de señalar, puede ahora, sin embargo, ser traído a colación como una suerte de aldabonazo que abra los ojos e invite a contemplar el potencial al que llegada la medianoche del Mundo debemos apuntar. De esta manera la Tradición dirá: «Arribados a la Edad Oscura, el *Avatara* eres tú»...

Avatara es un término del *Sanatana Dharma* que señala la teofanía que se manifiesta para enderezar el Mundo, toda vez que el Mundo ha dado la espalda al *Dharma* y su camino es torcido o pervertido. Es el «regreso de los dioses fuertes» que vuelven para enderezar el camino a los Hombres cuando estos caen en «el olvido del Espíritu» y su rumbo se desvía y pervierte. En el hinduismo la consumación final de esta idea de «teofanía rectificadora» será con el *Kalki Avatara*. Última encarnación de Vishnu, dios «guardián y protector» del orden sagrado, que regresará triunfante y sin remisión para restaurar el *Dharma* llegado el momento de máxima degeneración del ciclo y caída del Hombre. Llegará «montado en el caballo divino y empuñando la espada ardiente», para acabar con el demonio Kali y su era de oscuridad, y restaurar decimos la edad del *Dharma*, la edad de la Verdad, el *Satya Yuga*... Ahora, cruzada la línea de la medianoche del Mundo, sumergidos en la oscuridad de la era de Kali, no habiendo todavía *Avatara* ni enderezamiento ni restauración, estando en la medianoche, estando en la «Tierra Baldía», cruzado el «meridiano cero» del Kali Yuga, llegado ese momento y hasta «el sonar de las trompetas del juicio final»... el «*Avatara* eres tú».

Esta idea e imagen tan poderosa y sugestiva significará, fundamentalmente, que los hombres y mujeres de la «Raza del Espíritu» y en tiempos del Kali Yuga están llamados a convertirse en anuncio, vanguardia y adelanto de la «parusía»... Al modo de los héroes en las leyendas del Grial, su propia apoteosis será anuncio del retorno del Rey y el regreso de la primavera a la Tierra Baldía. Si el *Avatara* eres tú, es que ya no puedes apelar simplemente a una religión, en su sentido más inmediato, sociológico e histórico, y debes directamente ir a su «corazón y centro» y máximo potencial y aspiración. Como si todo el fenómeno religioso acaecido a lo largo de la historia no hubiera sido sino la preparación para el tiempo de tribulación al que ahora se ha arribado, y llegado este momento pudiera quedar atrás todo lo que tuviera de superfluo y accesorio, todo lo contextual y meramente contingente e histórico, y emergiera entonces la posibilidad de directamente encontrarnos con su «Corazón y Centro». Y este pudieras reconocerlo como tu propio «Corazón y Centro»: «el Uno en nosotros es uno con el Uno Divino», diríamos parafraseando a los discípulos de Platón. Y entonces sí, ahí la superación de la ecuación humana en cuanto a su mera terrenalidad, contingencia y egoidad, y el desarrollo y acceso a la dimensión de la aseidad y la «invulnerabilidad». La *Henósis* platónica y la «distancia» y descondicionamiento respecto de todo «lo que no es por sí mismo». Y la intuición entonces y experiencia de «lo Inmortal»... La más alta posibilidad de lo humano de acuerdo a las enseñanzas, vías y disciplinas del pensamiento tradicional.

La posibilidad así del máximo potencial del legado de la cosmovisión tradicional, paradójicamente también, en la oscuridad de la «medianoche del Mundo»... Como si todo lo acaecido hasta ahora no hubiera sido sino anuncio y preparación, de todo lo que a partir de ahora, y de acuerdo a la comprensión del especial cariz de nuestro tiempo y conforme a la correspondiente y actualizada *Áskesis* para dicho tiempo, puede llegar a manifestarse. Manifestarse en su máxima posibilidad... Justamente como antagonista absoluto al tipo humano del nihilismo y la decadencia, y como bandera de la «Gran Guerra Santa» contra dicha «oscuridad». Dándose aquí, el argumento más alto y más profundo de la cosmovisión tradicional. Y siendo aquí, que se resuelve «el misterio de nuestro tiempo». El significado espiritual de nuestra época. El argumento de vida para los hombres y mujeres de «la Raza del Espíritu», en los tiempos de tribulación del Kali Yuga: «la forja de la Espada» en «la noche de la Tierra Baldía», y para «el Retorno del Rey»...

*

Consignas derivadas y extraídas del legado de la Tradición que es precisamente para los tiempos que corren, que parecen alcanzar su plena significación. Como si llegado un determinado punto de «oscurecimiento del ciclo», el Hombre de la «Raza del Espíritu» tuviera paradójicamente la oportunidad de volver a ejercer de «hierofante», de volver a «hacer aparecer lo Sagrado». Y entonces sí crear la «atmósfera», el «ecosistema», el «clima» que propicia la *Henósis* y la «epifanía». Y convertirse así él mismo en «el trueno que desata la tormenta y trae el fuego del rayo y el agua de la lluvia», sobre las tierras ásperas del Kali Yuga...

El horizonte más ambicioso del pensamiento tradicional, de Platón a los Upanishads pasando por la «Nueva Milicia» de san Bernardo de Claraval: la conquista de sí y la «Liberación», la acción del hierofante y la «manifestación de lo sagrado en lo profano», y la «Cruzada» o «Gran Guerra Santa»... Todo ello reencontrado, convocado y actualizado, como antagonista total y antídoto absoluto contra la decadencia, degeneración, ofuscación y nihilismo, de eso que hemos venido a llamar posmodernidad...

«Liberación, hierofanía, y Cruzada». Ni ideologías ni política ni economía. Religión. La más perenne y poderosa religión.... Marcándose ahí la diferencia radical respecto de todo lo demás que podamos encontrar, en la comprensión y confrontación con el mundo moderno. Nada señalará una superación más radical del subvertido horizonte antropológico y espiritual de la modernidad contemporánea.

*

«*El rayo lo gobierna todo*», decía Heráclito, más pareciera a modo de vate que de filósofo... Llegada del lejano mundo presocrático la frase de Heráclito quizás es ahora cuando puede ser realmente comprendida e interiorizada en toda su profundidad. Como una suerte de consigna lanzada al discurrir de los siglos por un «Iniciado» de los tiempos antiguos que hablase para un futuro, que es hoy nuestro presente...

El rayo que rasga el horizonte y cruza al otro lado del nihilismo para incendiar de nuevo el Mundo con el fuego de lo Alto y regenerarlo. El «logos divino» lo llama Heráclito... El principio Incondicionado y a la vez siempre actuante que atraviesa y mueve la rueda incesante del devenir, para traerla «siempre de vuelta». Aun a pesar de derivas excéntricas en ciclos de caída, oscurecimiento y decadencia. Sostenerla y traerla siempre de vuelta...

El argumento de la Modernidad es la riqueza material, la «emancipación» y el «progreso». El argumento de la Tradición es la dimensión de la Trascendencia, el autoconocimiento, y la regeneración... Y ahí sí el concepto de «Revolución» en su sentido originario. De «regreso al Origen». A la «fuente primordial». Donde el ciclo se renueva y sana tras los desvaríos y degeneraciones que, necesariamente, una civilización desanclada de la Tradición y entregada a la dimensión puramente cuantitativa de la existencia, tenía que arribar. Una revolución así la de la cosmovisión tradicional que será ahora en este tiempo desnortado que transitamos, que tendrá más sentido que nunca. Pues solo ella contesta sin fisuras y de manera radical al proyecto moderno y sus consecuencias.

En este sentido y retomando las ideas que veníamos señalando reiteramos en cómo la respuesta antagónica frente a la degeneración moderna, pasa en primer lugar por la transformación del propio sujeto, en la medida en que deja atrás el marco moderno de pensamiento, y hace suyos los principios de la cosmovisión tradicional. Este encuadrarse en el marco del pensamiento tradicional implicará no solo una transformación «externa» en cuanto a ideas, hábitos, *ethos* y estilo, sino, sobre todo, una transformación interna o *metanoia* en cuanto a disciplinas de elevación anagógica y supraindividual de la personalidad y acceso a la correspondiente dimensión de la aseidad. De la «Mónada Invicta y autoluminosa» que señalaba la tradición platónica. El principio espiritual que se alcanza mediante la *Áskesis*, que conduce a la *Aristeia*, y que «libera» del estado de inconsciencia o *Agnoia*. Del estado de ignorancia espiritual y, por ende, vulnerabilidad del alma. Principio cuya presencia y actualización en la vida humana será tanto el argumento más propio y más alto de la cosmovisión tradicional: «lo inmortal, Incondicionado e invulnerable»; como lo más antagónico y lo que más puede confrontar y marcar radicalmente la diferencia, respecto de la humanidad prosaica, nihilista, deconstruida, espiritualmente emasculada, y mentalmente enferma, que propugna la posmodernidad…

Por eso por un lado y paradójicamente a pesar del «desierto moderno», al «Guerrero Espiritual» en el Kali Yuga se le concederá un especial papel y lugar, así como una especial y superior autonomía y capacidad de adaptación y libertad de movimiento, respecto de todo encorsetamiento en un orden religioso meramente pasivo, clerical, preceptivo, afectado y devocional. Y, por otro lado, la cuestión que se deberá afrontar no será ya por supuesto de cariz meramente ideológico, político o económico, sino ante todo de cariz espiritual y religioso. Si bien no para crear una «nueva religión» para Europa o redescubrir una antigua religión europea que deba ser recuperada, o avivar los rescoldos de un cristianismo decadente y contemporizado con la Modernidad… la cuestión ya no es esa. La problemática ha virado a una instancia y proceso mucho más interior y ambicioso. A una dimensión «iniciática», hemos dicho antes *metanoia*, que es en sí misma una revuelta contra el mundo moderno (que es ya hoy día una auténtica *paranoia*), y que operará tanto en cuanto a hombres y mujeres en rebeldía y forja contra la Modernidad y su locura, como en cuanto escenarios de encuentro para dichos hombres y mujeres. Escenarios de hermandad, formación y entrenamiento espiritual, intelectual y físico, a la contra de la Modernidad y desde las coordenadas de la cosmovisión tradicional. De grupos hermanados al modo de las antiguas *mannerbünde*, de las fratrias iniciáticas y guerreras de la Europa antigua, y que estarán imbuidos tanto de ese sentido iniciático de la espiritualidad y, por ende, de transformación interior y forja supraindividual de la personalidad, más allá de la mera egoidad y su contingencia. Como de un sentido y horizonte «cruzado», como de «guerra santa», en cuanto a su relación con el mundo moderno y su accionar frente a él. Al modo de esa «Nueva Milicia» que hemos señalado en un capítulo anterior y que se postula como «frente espiritual», a la contra de la decadencia, degeneración, necedad, disparate, y caos, del nihilismo posmoderno.

En este sentido recogían las fuentes romanas sobre la antigua céltica hispánica la presencia en el interior de la meseta de fratrias de ascesis guerrera: «*Se dice que algunos de los que habitan junto al río Duero viven como espartanos, ungiéndose dos veces al día con grasa y utilizando saunas de piedras candentes, bañándose en agua fría y tomando una sola vez al día alimentos puros y sobrios, como en un constante endurecimiento del cuerpo y el ánimo*» (Estrabón III, 3, 6). Y por supuesto tenemos siglos después y en la tradición vikinga de la antigua Escandinavia la teúrgia guerrera del Berserk, la «hueste de Odín», y el destino de los *Einherjar* en el Valhalla y la «guerra santa» del *Ragnarök*[3]. Y en la Grecia clásica el mito de Quirón el centauro entrenando a los héroes Aquiles, Áyax y Jasón, en las austeridades y rigores de la vida a la intemperie y antes de emprender su misión y aventuras. Y en la plena Edad Media el ideal cruzado y el *Non nobis Domine*: «Nada para nosotros Señor», de la Orden del Temple. O de nuevo volviendo a España el maestro san Isidoro de Sevilla y sus disciplinas y enseñanzas para la «Educación Visigoda»[4]. Para la formación de las élites gobernantes y guerreras de la España goda. Todo ello distintas realidades históricas y narrativas míticas en las que opera un similar arquetipo y fondo de ascesis y acción a la contra de las potencias de la disolución y el desorden. Tanto dentro del propio sujeto, en su propia alma, como en el mundo. Un similar fondo arquetípico que con diversas vestiduras nos señala una vez más los contenidos troncales de la cosmovisión tradicional en cuanto a la generación del tipo humano del *Hegemonikón*, la *Aristeía* y la hierofanía. Así como el papel de dicho tipo humano en cuanto a paladín frente a las potencias del desgobierno y la degeneración. Tanto las que amenacen su propia alma como las que amenacen el mundo. Obviamente en dicho ideal, vía y disciplina de la cosmovisión tradicional se plasma un antagonismo absoluto

---

3 Ver *El poder del Mito*. Gonzalo Rodríguez García. Págs. 187-190. 2ª Edición. Almuzara 2023.

4 Ver *Hispanofilia. España frente a su destino*. Gonzalo Rodríguez García. Págs. 211-217. Almuzara 2021.

respecto de la antropología que postula la posmodernidad y su modelo de civilización.

Por eso decimos que la piedra de toque de la contestación, de la rebelión contra el mundo moderno, pasará en primer lugar por la forja de ese tipo humano antagonista de la subversión moderna, hermanado a su vez con sus iguales en la disidencia y como «frente espiritual» a la contra de la «oscuridad babilónica» (utilizando aquí la conocida imagen de la tradición cristiana y el apocalipsis de san Juan). El «Guerrero Espiritual» al que hemos hecho referencia en diversas ocasiones ya, y en los términos en que nos hemos referido a él, como el sujeto político por excelencia de la revolución tradicional que demanda el desvarío y desviación de nuestra época.

Por eso decimos y subrayamos que la labor que tenemos por delante no es política ni económica, sino fundamentalmente espiritual y religiosa. Y esta, ni siquiera puede constreñirse a lo religioso en cuanto a lo meramente devocional y clerical, sino que requerirá antes que nada de las disciplinas «iniciáticas» y guerreras que la cosmovisión tradicional nos sugiere como vías de «liberación» y conquista interior, pero también de militancia y «Cruzada» a la contra de las «potencias de la disolución»...

Todo esto que venimos señalando obviamente parecerán en cierta medida meras ideas e imágenes fuerza, y en cierta medida así es... Pero no por meras, sino porque dichas ideas e imágenes tendrán la virtud de funcionar «como evocación y como invocación». Como llamada a un norte, rumbo, anhelo y horizonte, profundos en el alma, que a modo de «un destino que se nos revela» estaríamos llamados a despertar y encarnar para «llegar a ser lo que estamos llamados a ser». Para dar cumplida realización al significado de nuestra existencia: «conviértete en quien eres» que decían los neoplatónicos... Una suerte de contenido no ideológico o psicológico de nuestra mente (de simple convicción o sentimiento personal), sino como de una esencia que tiene en dichas ideas e imágenes fuerte señal de aldabonazo, y que a modo de centro mismo de nuestro ser, despierta y emerge entonces moviéndonos a trascender nuestra mera individualidad condicionada, biográfica, psicológica y contingente, y disciplinarnos en los contenidos puros, objetivos y supraindividuales de la personalidad. De estado de Consciencia y presencia. De lucidez y claridad mental, señorío de sí, calma interior, y acción externa pura, directa y absoluta. Sin residuo de temor o apego alguno. De *Karma Yoga* que enseña el *Dharma* hindú. Del ideal de *Autárkeia* y *Ataraxia* que enseña el estoicismo clásico. Una realización y conquista de sí, que nada tendrá que ver con la propuesta de vida del nihilismo moderno y que además verá en este objeto de confrontación, «Cruzada» y combate: con lo prosaico y mundano de la *prosperity* burguesa, con la versión de esto mismo pero en su contraimagen socialista y, sobre todo, con las distintas derivas deconstructivas y globalistas a las que finalmente la Modernidad ha arribado llevando hasta el final sus propios argumentos emancipatorios y de «progreso»...

*

Dicho todo lo anterior, conviene subrayar que lo decimos desde la conciencia de que hay un nivel de irreversibilidad en el Kali Yuga que no puede sortearse así como así, y que la espiritualidad y religión que pueda derrotar al nihilismo de nuestro tiempo, ya sea en su forma de modernidad decadente y podrida, ya sea en su forma de fanatismo islámico endemoniado, todavía no ha llegado como tal. Y si bien es desde muy diferentes ámbitos y ángulos que se dan muestras evidentes de búsqueda, recuperación y enraizamiento; por supuesto en el tradicionalismo cristiano, católico y ortodoxo, pero también en ámbitos muy interesantes del cultivo de una sensibilidad y cultura pagana, clásica y celtogermana, la cuestión es que seguimos aún en la «Tierra Baldía». En el «rey sin espada, la tierra sin rey». Estamos aún en la «Prueba del Grial»... Y no nos es dado decretar desde donde estamos, qué forma concreta y definitiva tendrá «el retorno del Rey», aun sabiendo que este siempre será expresión de los principios fundamentales de la cosmovisión tradicional y a partir de la historia misma del ciclo tradicional europeo. Tanto en su etapa pagana como en su etapa cristiana. Ciclo redescubierto incluso en toda su profundidad soteriológica, a partir de conceptos que nos serán llegados de las tradiciones indoeuropeas de Oriente, cuando estas nos sirvan de espejo en el que redescubrir la profundidad olvidada de nuestro propio legado...

En todo caso, la «Tierra Baldía» es una imagen del ciclo legendario del Grial: «El rey sin espada, la tierra sin rey», el rey herido y postrado, a la espera del caballero que «supera la prueba», sana la herida, restaura el reino, y «trae de nuevo la primavera». Pone fin a la Tierra Baldía siendo la «Tierra Baldía» esa «intemperie espiritual», mundo en desarraigo y olvido, que debe cruzar y afrontar el héroe del Grial, para purificando y forjando ahí su alma, llegar al castillo del «rey herido» en disposición de resolver «el enigma del Grial». Y de sanar entonces al rey, de restaurar el reino, y de poner fin precisamente a dicha «Tierra Baldía». A dicho mundo «sin primavera»...

En este sentido, son estas imágenes griálicas del *Legendarium* medieval europeo las que mejor encajan con el tiempo y lugar en el que nos encontramos y que transitamos. Siendo en estas imágenes y como parte de ese mismo proceso de la «prueba y aventura del Grial», que debemos ubicar esas búsquedas y actualizaciones tradicionalistas que hemos señalado anteriormente. Tanto las de fondo cristiano como las inspiradas en la etapa del antiguo ciclo pagano, incluso en su forma correspondiente del Oriente sapiencial. Siendo fundamental aquí tener en cuenta que toda esa búsqueda y ejercicio de actualización tradicional, por supuesto, es muy valioso en cuanto a inspiración, formación y trabajo, pero en todo caso implica necesariamente ser paciente, perseverante y, sobre todo, muy consciente de las consecuencias que la propia «Tierra Baldía» implica a corto y medio plazo. Siendo entonces más importante «en esta Prueba del Grial» en la que nos encontramos, ir al fondo y corazón de la cosmovisión tradicional, que a su forma y vestidura. A la esencia perenne de la cosmovisión tradicional, más allá de todo contexto puramente histórico y religioso. Y desde ahí entonces sí, «forjada la espada», actuar conforme a un horizonte de restauración que no mira al pasado ni está afecto de melancolía y nostalgia, sino que se sabe desde dicha dimensión de perennidad, portador del futuro...

Nosotros así y en este orden de cosas postulamos que hay que asumir totalmente y de verdad la «medianoche del Mundo». Asumir el tiempo del nihilismo tal cual es y sin resquicio alguno. Y entender entonces que, por ahora, estamos en un *interregno* en el que ya no se puede desde las formas del pasado «decretar el futuro». Y todo lo ocurrido en dicho pasado, ya sea pagano o cristiano; mítico, «áureo», homérico, platónico, céltico, gótico, gibelino o cruzado, no es un «sitio» al que se pueda o pretenda volver y no podemos hacer de ello un fetiche o ensueño nostálgico, pero sí comprenderlo como anuncio y prefiguración de lo que se debe hacer y lo que debe estar por llegar. De un tiempo superior de «Espíritu y Tradición» del que dicho pasado inspirador no fue sino señal y proclama, y que es ahora en la «Tierra Baldía», que las enseñanzas más profundas de dicho pasado pueden redescubrirse, esclarecerse, hacerse nuestras y ser convertidas en munición y escudo absolutos contra la decadencia y degeneración de nuestro tiempo. Potencia para una reacción total contra la civilización del nihilismo y simiente de un superior y más puro ciclo de cosmovisión tradicional.

No miraremos así al pasado con impostada nostalgia de quien nunca estuvo allí. El Hombre de la «Raza del Espíritu» de hecho solo tiene nostalgia de Dios, y por eso aspira y se disciplina para salir de «la ignorancia y el olvido», pero sin ninguna afectación más. Y el pasado tradicional europeo no es entonces algo que perdimos por la insidiosa falacia modernista y sus desviaciones y que ahora echemos de menos y debamos recuperar. Sino que es el «mensaje en la botella» con las claves de futuro para la más alta prueba y la más alta posibilidad. Que no es sino precisamente la que tenemos ahora delante de nosotros...

Hay así que hacerse cargo: el Kali Yuga «ha cruzado su meridiano cero» y ya es todo lo que nos rodea y se despliega en nuestro entorno, y el tiempo que vivimos es así un tiempo sin igual. Metafísicamente incomparable a ningún otro tiempo. Dotado del ecosistema espiritualmente más tóxico que quepa imaginar, y a su vez, del desafío y posibilidad de vivir la más difícil prueba y cosechar el más elevado fruto: «las puertas del Infierno están abiertas de par en par, pero las puertas del Cielo también lo están»... La respuesta entonces no puede venir así desde meras formas externas y ya periclitadas de tradición. Todo lo que no es puramente perenne y absoluto ha sido calcinado... Pero queda «la perla», la «Mónada Invicta», y por eso ahí también la especial oportunidad y autonomía del «Guerrero Espiritual» en la Edad Oscura. Y por eso la insistencia en la vida misma como *Áskesis*, como *Sadhana*, como *Arya Dharma*, y la insistencia ahí en la «Vertical y el Centro», en la «forja de la espada», en «Cabalgar el Tigre», en la «Tierra Baldía», en la «Prueba del Grial»...

Hablamos y escribimos aquí más para el futuro que para el presente. Y lo hacemos no como filósofos, no como políticos, no como científicos, no como analistas o literatos. No... Hablamos como vates y por el «Retorno del Rey»...

CLAVES PRÁCTICAS PARA LA CRUZADA

Pero más allá de «la lírica» y su importante papel en todo esto, pongamos también los pies en la tierra y preguntémonos: ¿Todo esto a efectos prácticos cómo lo traduzco a mi vida cotidiana? ¿Cómo pongo en marcha todo esto desde un punto de vista práctico? ¿Y cómo hacemos a su vez traducción política de todo este planteamiento? ¿Cómo hacemos *Polis* con estas ideas fuerza? ¿Cómo hacemos convivencia y comunidad y, por ende, cómo hacemos «persona»?

Lamentablemente no parece que todavía se pueda tener una respuesta definitiva y cerrada a algunas de estas cuestiones, pero sí que algunos elementos fundamentales y concretos que dichas cuestiones dejan ver, pueden ser rescatados y colocados en el frontispicio de la contestación general que necesitamos frente a la degeneración moderna. Los hemos señalado ya en el capítulo anterior al hablar de «La Nueva Milicia» y los retomamos aquí de nuevo en orden a trazar al respecto una hoja de ruta básica.

*

Primero: lo Importante y lo necesario

Debemos convertirnos en el tipo de persona que en gran medida basa su existencia y su accionar en el mundo, en saber diferenciar «lo Importante de lo necesario» y tiene a dicha diferencia como elemento fundamental de su manera de relacionarse con la vida y las cosas del mundo.

La Modernidad ha roto esa diferencia. La Modernidad ha planteado que lo único importante es lo necesario y que lo necesario es lo único importante. Y, por supuesto, eso es no entender nada e ir cegado frente a la realidad de la existencia humana. En este sentido es necesaria la prosperidad, la riqueza, el sustento, el bienestar, la propiedad, la casa, la comodidad y la inmediatez, la diversión, el disfrute y la expansión... Eso es lo necesario. Y que algo sea necesario no es poca cosa. No se puede desmerecer ni querer obviar. Pero «lo Importante» no es eso, lo importante es la «Gloria». Lo importante es «merecer los Cielos»... «Al Mundo se viene a merecer el Valhalla» y es ahí donde nos jugamos el ser o no ser y lo demás viene después y se trabaja desde ahí. Y lo necesario efectivamente tiene entonces solamente un papel y función instrumental por relevante que este sea y aún a sabiendas de que es el soporte sin el cual la vida misma se desarbola en la miseria.

Siendo así, la vida no se justificará frente a la muerte y la contingencia de todas las cosas en una existencia absorbida por el cultivo y la labor de lo necesario. Eso puede bastar al «tipo humano sudra», que apenas puede ser poco más que su vientre y su aparato reproductor, pero nunca bastará a los hombres y mujeres de la *Aristeía*, a los «hombres y mujeres de la Raza del Espíritu». Es decir, lo necesario es fundamental: habrá que respirar, habrá que beber, habrá que comer, tendré que vestirme, tener un cobijo, un hogar, poder subsistir sin miseria ni esclavitud, tendré que poder, literalmente, sostener mi vida... pero no he venido al Mundo a eso; ni a respirar, ni a comer, ni a vestirme, ni a tener una casa, ni a trabajar, ni a descansar del trabajo, ni a «simplemente vivir»... He venido al Mundo «a merecer los Cielos». Eso es lo Importante. Lo otro, lo necesario...

Entonces, hay que ser las personas, el tipo humano, el movimiento espiritual y cultural, la juventud, el discurso, la ética y estética, de los hombres y mujeres que diferencian lo Importante de lo necesario. Y, por tanto, ser nosotros aquellos a los que el horizonte mundano y prosaico que plantea la Modernidad se nos queda pequeño... Se nos queda pequeño simplemente resolver la «papeleta burguesa» de la vida y decir «tengo una casa, tengo un trabajo, tengo comodidad e inmediatez, tengo bienestar»... ¡Hombre claro! ¡Bienvenido sea!, es que necesitamos esas cosas para vivir y necesitamos que estén al alcance de todos para que haya una sociedad funcional y sana. Pero «no solo de pan vive el Hombre» y esa vida sin más, sin más horizonte que ese, a nosotros, a la «Raza del Espíritu», se nos queda pequeña y nos parece un desperdicio y una mediocridad. Un pasar por la vida de espaldas a la Realidad...

Y si nos preguntan: «¿Y por qué se os queda pequeña?». «¿Qué es lo que ocurre para que no baste?», respondemos: «Se nos queda pequeña porque cuando muramos, y nadie ni rico ni pobre se salvará de la muerte, queremos "los Cielos"»... Porque queremos «trascender» la mera vida, la mera *bios*, y militar junto «a los dioses de lo Alto» grabando el sello de la Eternidad en nuestra alma, y más allá de las contingencias de nuestra mera mente y nuestro mero cuerpo. Se nos queda pequeño ser meros «individuos»... Queremos por el contrario ser en nosotros mismos la «trascendencia inmanente» que señala la más alta Tradición y desbordar con el Espíritu la mera vida condicionada y contingente. La mera vida en «ignorancia»... Estar aquí pero no ser de aquí. Y tener entonces las raíces en el Cielo, y vivir desde dichas raíces haciendo de lo terrenal, misión y tarea para el *adveniat regnus tuus*: «venga a nosotros tu Reino»... Y volver a lo Alto tras la muerte, que es la dueña de todas las cosas del mero mundo, pero nada sabe de quién realmente somos...

Y así lo quisieron nuestros ancestros en los más altos contenidos de la Tradición antes de que llegara la desviación y confusión moderna. Y porque la única y más fundamental enfermedad es la ignorancia de nuestra realidad trascendente. Y nosotros queremos la salud absoluta y total...

Segundo: ética y estética

Tenemos así como punto de partida diferenciar «lo Importante de lo necesario». Y a partir de aquí, de esta diferenciación, dar un siguiente paso que no es otro que generar una ética y estética, un estilo de ser y estar, distinto al de la Modernidad y enraizado en dicha diferenciación: el estilo de la Modernidad es el estilo de lo que llamaremos el «hombre burgués», el hombre del «anhelo mundano». Sea este a través de la democracia liberal, sea este a través del socialismo. Y aquí hasta en su ropa, su manera de andar, su manera de caminar, incluso de hablar y de «ser feliz», se expresará ese estilo burgués de anhelo puramente mundano. Y obviamente nosotros estaremos a otra cosa y en las antípodas... Pues si has diferenciado «lo Importante de lo necesario», tu estilo es un estilo «cruzado, marcial y aventurero», como de «alegre milicia», como de quien ha venido al Mundo «a cazar al Dragón»... Y no has venido así al mundo a «ser feliz», sino que has venido a preparar «tu espada, tu lanza, tu escudo y tu caballo» para adentrarte en el «bosque oscuro» y «matar al Dragón»... A eso has venido al Mundo. Ese es el argumento primero. Dentro de ti mismo, y fuera también. En ese «venga a nosotros tu Reino» que hemos indicado anteriormente, y que es el proyecto de *Polis* por excelencia de la cosmovisión tradicional. Y esto genera un tipo humano cuya ética y estética, cuyo estilo necesariamente, será diferente y contrario al del Hombre del mero anhelo mundano... Un estilo diferente de hablar, de callar, de ser, de mirar, de conducta, actitud, carácter, personalidad, y vida...

Un tipo humano y estilo imbuidos de «espiritualidad activa», de disciplinas de autoconocimiento y descondicionamiento interior, de forja de sí y elevación anagógica del entendimiento y la personalidad. De *Areté y Áskesis*. Y de contemplar la propia vida como «saga, misión y aventura», el mundo como hierofanía, y nuestro accionar en el mundo como «Cruzada» por el *adveniat regnus tuus*... De vivir así imbuidos de una «ética heroica, vocación cruzada, y mirada poética y pensar mágico del Mundo», en el que la autocomplacencia prosaica y a la vez nihilista de la Modernidad, nos resultará tan grotesca como errada y ciega. Tan obtusa y equivocada como enfermiza...

Tercero: la Tradición Eterna

La diferencia entre «lo Importante y lo necesario» y el consiguiente *ethos*, disciplina, ética y estética de una «espiritualidad activa», nos conducen necesariamente a convertirnos en el tipo humano que busca, se forja y bebe en las fuentes de la «Tradición Eterna»...

No en las ideologías modernas, ya sean estas las de los liberalismos, los socialismos o los nacionalismos, obviamente no. Pero tampoco en los ámbitos meramente devocionales de una religiosidad pasiva, dual y espiritualmente emasculada, unilateralmente exotérica, moralista y clerical. Una religiosidad de horizontes al final mayormente melifluos o, peor aún, fanáticos y puritanos. No... ninguna de esas vías es propia del *Arya Dharma* que postula la más alta ambición de la cosmovisión tradicional, y es paradójicamente y cómo ya hemos señalado en varias ocasiones, que en «la medianoche del Kali Yuga», esa ambición y posibilidad se ofrece con especial claridad... Nosotros somos así los que bebemos en el arquetipo de los «*Ariya* impasibles en el pico del buitre», de los *Autarkas* estoicos, el *Agathon* platónico, y el horizonte de lo invulnerable e Incondicionado. Nosotros somos así los que bebemos en el «Elogio a la Nueva Milicia» de san Bernardo de Claraval y en el ideal cruzado, ascético y guerrero, de la Orden de Temple: *Non nobis Domine*... Nosotros somos así los que bebemos en el mito vikingo de Odín, «sabio, mago y poeta», «señor de la iniciación guerrera» y jefe de los *Einherjar* en el Valhalla. Nosotros somos en definitiva y así los que bebemos en el depósito sapiencial de la Tradición Eterna... En Kirshna y Arjuna y «el canto del Señor». En Homero, Parménides y Heráclito y, por supuesto, Platón. En el mito de Heracles y las doce pruebas, Apolo en Delfos, y el hilo de Ariadna y el laberinto... Y en san Jorge y el Dragón, Perseo y Andrómeda, y en el «caballero leal y veraz» del Apocalipsis y frente a la «oscuridad babilónica» y la «serpiente antigua». Y en los antiquísimos himnos de los Vedas y la sabiduría de los Upanishad. Y en las leyendas medievales del mago Merlín y el rey Arturo y las sagas del Grial. Y en las raíces celtas de los cuentos de hadas, y en las mascaradas de invierno, los petroglifos gallegos y las leyendas de mouros, el basajaun vasco, o la «vieja del Monte» en la montaña leonesa... Y en el *Cantar de mío Cid*, el *Romance del Conde Arnaldos*, el *Amadís de Gaula* y el *Cantar de Beowulf* y el *Kalevala*. Y en «el castillo interior» de santa Teresa, «la noche oscura del alma» de san Juan de la Cruz, y la mística de *meister* Eckhart. Y en la España del principio de la «Gracia suficiente y eficiente», los soldados españoles en el asedio de Castel Nuovo y su «vengan cuando quieran», y España en el «Cerco de Numancia» de Cervantes, y Retógenes y su fratría guerrera en la caída de Numancia... Y en la sabiduría de Shankara y la sabiduría de Abhinavagupta y las enseñanzas y disciplinas de Patanjali. Y en Shiva y Shakti y el eterno masculino y el eterno femenino. Y en el código de Licurgo, el ideal espartano, y Leonidas en las Termópilas. Y en el Ragnarok, Odín frente al lobo Fenriz, y la resurrección de Balder. Y en lo que Séneca nos enseña sobre los bosques como lugares de hierofanía, y en el templo de Artemisa en Éfeso y «la Diosa Blanca», y en las fiestas de la Asunción de la Virgen María. Y sobre todo en Cristo frente a los fariseos diciendo: «Yo y el Padre somos Uno»...

La «Tradición Eterna» a lo largo de los siglos, los pueblos, las naciones y las civilizaciones. Las fuentes de la *Sophia Perennis* cuyas claras aguas mueven al discernimiento entre lo Importante y lo necesario, al ideal heroico y anagógico de la espiritualidad activa, y a la contemplación del mundo como hierofanía... Y ni en Adam Smith y los liberalismos, ni en Marx y los socialismos, ni en Fichte y los nacionalismos, en nada de las raíces y frutos de la Modernidad, encontramos las palancas de sabiduría, fuerza, y libertad que demanda el alma humana y desde las cuales debe construirse todo lo demás. Atrás quedan así todas las ideologías modernas para alumbrarse en nosotros el encuentro con la alternativa radical y absoluta a todas ellas...

Cuarto: Sabiduría, Fortaleza y Liberación

Estos tres puntos anteriores consagran un tipo humano que tendrá en el frontispicio de su vida el ideal de sabiduría, fortaleza y liberación.

No una ideología, no una facción política, no un punto de vista de clase, un nacionalismo, o una corriente moderna de psicología. Si no la sabiduría que es fuerza, y la fuerza que es libertad. Libertad de quienes son dueños de sí… Y desde ahí todo lo demás, pero siempre y en primer lugar, la «escuela del carácter y la personalidad» que ofrecen las enseñanzas espirituales de la cosmovisión tradicional. Ese trabajo sobre uno mismo y que al modo del mandato de Apolo en Delfos supone autoconocimiento, esclarecimiento, calma interior e imperturbabilidad. «Nada de más» y poder y resistencia frente a las propias bajezas y miserias del mundo y de la vida. Liberación respecto de los grilletes de la propia ofuscación y necedad…

Trabajo así sobre uno mismo que limpia, eleva, libera y aligera el alma y conduce al tipo humano de la «acción pura». De la «acción desnuda». Objetiva, supraindividual, liberada de todo ego, afectación e inclinación personal, y expresión directa de la Verdad. El Hombre del «Karma Yoga» que enseña Krishna a Arjuna: «Lo que debe ser hecho debe ser hecho». La antítesis del hombre moderno…

Y ese tipo humano de la «vía de la acción», del «Karma Yoga», de la Tradición Sapiencial, es el tipo humano que, en razón de los tres puntos señalados anteriormente, hay que, consecuentemente, cultivar. Ese ha de ser el pilar de nuestro carácter, actitud y personalidad. También de nuestra vocación y nuestro accionar en el Mundo…

Quinto: Ser los mejores

Estos cuatro puntos anteriores nos conducen a que quien sigue este camino de diferenciar lo Importante de lo necesario, de darse a sí mismo una ética y estética consecuente con dicha diferenciación, que bebe y se nutre de los depósitos de la Tradición para formarse en esta dirección, y que despierta por ende al ideal y horizonte de la sabiduría, la fortaleza y la liberación, esta persona, está llamada necesariamente a encarnar a los *Aristoi*…

Aristoi es un término de la Grecia clásica del cual deriva el castellano «aristocracia»: los nobles, los señores, «los mejores»…

Aristoi tiene a su vez la misma raíz etimológica que *Areté* y que *Ariya*. De Grecia a la India: lo excelente, lo pleno, «lo mejor»... ¿Y qué o quién es en la cosmovisión tradicional, de Grecia a la India, noble, pleno o lo mejor? Quien se conquista a sí mismo... No hay más. Quien se conquista a sí mismo y es «auriga del carro alado» y consecuente «matador del dragón». Quién en ardua *Áskesis* se eleva al plano de lo Incondicionado y en dicha elevación, se libera de su mera individualidad empírica y subjetiva y se da a sí mismo una dimensión de aseidad, centralidad, verticalidad e invulnerabilidad interior. De Consciencia, esencia presente y «acción pura»...

Y eso es «ser los mejores». Y nosotros tenemos que plantearnos ser esos mejores... «Esos mejores» que no solo han nacido en un cuerpo físico y campo mental y emocional, sino que también han renacido a un nivel superior y espiritual desde el cual gobiernan dicho cuerpo y campo mental y emocional. Que no solo tiene así una egoidad, un yo empírico y su correspondiente y pequeña biografía personal y su consecuente psiquismo, inquietud, carencia, afectación, «insomnio» o «trauma»... sino que también tienen un centro, Consciencia y esencia, desde el cual «gobiernan» trascendiendo dicha egoidad, y liberándose de toda carencia, afectación, «insomnio o trauma»...

Un gobierno de sí que genera nobleza de espíritu y señorío interior más allá de nuestras propias miserias, debilidades, flaquezas, miedos, ofuscación o necedad. Más allá de esa mera individualidad empírica y contingente y que nos hace así invulnerables a las bajezas del alma dándonos *Imperium* sobre nuestra propia persona. Un «ser los mejores» que en esa conquista de sí e *Imperium* sobre nuestra propia persona nos ubica en las antípodas del tipo humano posmoderno y deconstruido que tiene en su afectación, gusto, apetito, inclinación y subjetividad, la norma y ley de su persona. Y que no puede entonces sino agitarse «samsárico» de aquí para allá entre la inquietud y la carencia, la tiranía del apego a su propia manía e ignorancia, y el consecuente desgobierno de su alma...

Ser los mejores pues, como consigna de trabajo y vida. Ser los mejores en *Aristeía*. Y que lo demás, se nos dé por añadidura... Con determinación, resolución, y sin rendirnos jamás. Humildemente pero sin cejar, sabiendo que esa *Areté* es el argumento central de nuestra vida y que deberemos empeñarnos en ello todos los días y hasta el final de nuestros días. Con alegría, vocación, y disciplina. Sabiendo que allí donde postramos nuestra pequeñez y bajeza, se alza nuestra grandeza de alma y nuestro honor. Que allí donde la *Áskesis* nos conduce a la *Areté*, nos liberamos de nuestra mera subjetividad y su ignorancia y miedo, y nos hacemos más sabios y más fuertes. Nos convertimos en los mejores...

Sexto: Conquistar el Mundo

Todos estos cinco puntos que implementamos en nosotros mismos, en nuestra propia persona, deben ser a su vez palanca de acción «hacia fuera», hacia el Mundo, con vocación de desbordar la «cultura moderna» y sus hábitos y antropología. De desbordar su modelo de Hombre con nuestro *ethos* y actitud. Como si de nuestra manera de ser y de proyectarnos sobre el mundo resultara un desenmascaramiento, y desbordamiento del Mundo Moderno.

Es decir, la actitud de quienes han diferenciado lo Importante de lo necesario. De quienes se han consagrado entonces al *ethos* de la «espiritualidad activa» y beben consecuentemente en las fuentes y prácticas de la Tradición Eterna. Y de quienes, desde un ideal de sabiduría, fortaleza y liberación, aspiran a ser los nuevos *Aristoi*, es también la actitud de quienes afrontan su proyección en el Mundo con espíritu de «apostolado y Cruzada» y a la contra de la decadencia y degeneración posmodernas. Y ya sea en la empresa, el trabajo, la política, la literatura, el ensayo, el cine, el deporte, la música, el periodismo, la divulgación, el diseño, o la ilustración... todo lo viven y hacen desde esa actitud. Y al tiempo, todo lo que ya se haya hecho anteriormente y encontramos en nuestro entorno en todos esos ámbitos, también se mira y comprende desde esa actitud y foco. Discerniendo ahí qué cosas que ya hayan surgido en el mundo contemporáneo pueden resonar con nosotros, aunque sea de manera indirecta, y podemos entonces rentabilizarlas y llevarlas a nuestro terreno, y hacerlas nuestras. Y qué cosas de esa contemporaneidad podemos sin más desecharlas sin mirar atrás...

Por supuesto, todo ello se lleva a cabo a través de la aplicación sobre nosotros mismos de esas palancas de transformación personal que hemos señalado en los puntos anteriores. De «camino e ideal iniciático». Camino sin el cual todo lo demás carece de sentido... Y entonces sí y desde ahí: la meditación, la oración, el estudio, el entrenamiento, la nutrición, la defensa personal y los deportes de contacto, nuestra relación con la naturaleza, el arte, la música, los viajes, con los amigos, compañeros y camaradas, con la diversión y el esparcimiento, con la familia, los romances, la pareja, con los desafíos diarios de conquista interior... Y nos dedicamos a eso. Vivimos así: aspiramos a la *Aristeía*. Y a todo lo que hacemos, a todo lo que trabajamos, le damos ese horizonte y foco, y dicho horizonte, aspiración, y foco, es ya una diferenciación radical respecto de la decadencia y nihilismo al que ha arribado la Modernidad. Buscando de hecho y deliberadamente chocar y confrontar a esta, con esa intención de desenmascararla, desbordarla, y dejarla atrás... Pues para nosotros la vida humana sigue siendo y como lo fue durante siglos y lo fue desde siempre, una vía hacia la Trascendencia. Una oportunidad para la «forja del alma» y el «merecimiento del Cielo». Un «camino iniciático» hacia la *Aletheia* y el autoconocimiento, la sabiduría, la fortaleza, y la «salvación». Así como desde ahí una labor para con el Mundo de apostolado y de conquista. De misión y de cruzada. De *Imperium* liberador respecto de todo aquello que no es sino la antítesis de toda *Aristeía,* de todo *Agathon* y como tal, es enemigo y alienación para el alma humana, es nuestro antagonista y debe así ser vencido y conquistado...

Séptimo: hombre y mujer

Obviamente... nosotros también somos los que, en ningún caso, comulgaremos con la ideología de género...

Nosotros estamos por la «verdad de las cosas» y el «orden del ser», y estamos así en la «racionalidad de género», y por supuesto en el ser humano como hombre y mujer: Macho adulto de la especie humana y hembra adulta de la especie humana. Y todo lo demás son desvaríos de una posmodernidad desbocada... De hecho, nosotros vamos incluso más allá, pues lo que hacemos es afirmar la ontología de lo masculino y de lo femenino: queremos la esencia de lo masculino presente en los hombres, y la esencia de lo femenino presente en las mujeres. Amamos así en los hombres aquello que tienen de viril, amamos así en la mujer aquello que tiene de femenino. Y queremos entonces «hombres absolutos» y «mujeres absolutas». Hombres y mujeres alineados plenamente con su propio cuerpo, y capaces de realizar y hacer presente al máximo, sus respectivas esencias masculina y femenina. Y hacemos de esto una cuestión sagrada y profunda donde se forja y nos jugamos el «ser o no ser», y se genera la polaridad complementaria de lo humano: Hombre y mujer. Macho y hembra. Masculino y femenino.

Por eso en los hombres, propiciar, cultivar, amar y admirar lo viril. Y en las mujeres, propiciar, cultivar, amar y admirar lo femenino. Y aspirar, como hemos dicho, a hombres y mujeres absolutos, a seres humanos en plena alineación, conocimiento y vivencia profunda, de sus respectivas condiciones de macho o hembra, y sus respectivas masculinidad o feminidad. Ajenos a todo decaimiento, confusión, androginia, desviación o envilecimiento de su sexualidad.

Siendo los hombres y mujeres absolutos los únicos que generan la verdadera magia del *Eros* y pueden llevarla a su plenitud. Más allá de lo anodino y limitado del amor meramente sociológico y burgués y más allá de la promiscuidad ridícula y pornógrafa que tanto vemos hoy día penetrar la sociedad... En este sentido, el amor sexual en su sentido pleno, como el *Kama* de las enseñanzas del *Sanatana Dharma*, es un amor que la posmodernidad desconoce completamente, ya que tiene que ver en primera instancia con la conexión espiritual y complementaria de lo masculino y lo femenino. Conexión que conduce a una vivencia de la «metafísica del sexo» que desborda absolutamente las rutinas y sentimentalizaciones vanas del amor burgués, y lo mismo hace para con los juegos de lupanar y pornofilias nihilistas y materialistas de la promiscuidad moderna.

En este sentido, ser hombre o ser mujer es un «destino». Y a él nos consagramos, y desde él vivimos el encuentro, la atracción, el amor, el romance, la pasión, el erotismo, la pareja, el respeto, la comprensión mutua, la lealtad y el compromiso. Y frente a la atracción sexual y amorosa fruto de la carencia, la soledad y el miedo, o del mero y crudo deseo, o incluso del mero cálculo e interés, o de una mezcla de todo ello, nosotros decimos simplemente: «Quiero ser un hombre», o en el caso «quiero ser una mujer». Y a ese «querer» nos remitimos y consagramos absolutamente y desde ahí, llegado el momento y si nos encontramos y cruzamos, nos deseamos, unimos, y amamos...

Octavo: el patriotismo

Por otro lado, igual que no tragamos con los desvaríos de la ideología de género, no podemos tragar con el individualismo y el principio de autodeterminación que la sostiene. Principio que será clave de bóveda de la degeneración que propicia la posmodernidad. En este sentido, el individualismo y la autodeterminación no son sino la contraimagen y subversión de los principios tradicionales de persona y de libertad: Una persona no es lo mismo que un individuo, pues una persona es un sujeto que se ha dado a sí mismo un *ethos* de gobierno de sí e integración y articulación de sí más allá de su mera individualidad y subjetividad, y conforme al horizonte de la Verdad. Y el individuo, por el contrario, no deja de ser el sujeto meramente vinculado y de manera unilateral al campo de su propia individualidad y subjetividad, ignorante de su propia alienación y confusión respecto de sí, y ajeno al horizonte de la Verdad. La libertad del primero es fruto de un trascender la mera individualidad, es fruto así del «conocerse y conquistarse a sí mismo». La del individuo no deja de ser un autodeterminarse conforme a las querencias, sugestiones, caprichos, meras ideas y apetitos de la egoidad, sin horizonte de ningún plano superior de referencia y autoridad. Hay una verdadera contra imagen de un lado al otro. En este sentido nosotros decimos: «No somos individualistas, creemos en la Persona. Y no creemos en la autodeterminación, creemos en la libertad».

O dicho de otra manera y lo hemos indicado anteriormente en varias ocasiones: «la Verdad os hará libres, frente a la libertad os hará verdaderos»...

Por eso también, a partir de aquí y de acuerdo a estos principios, en el ámbito concreto de los problemas que tenemos en España y en Europa respecto de nuestra propia historia e identidad, nosotros defendemos una idea fuerte de España. Un activo y comprometido patriotismo español. Una España de «unidad en la diversidad y de diversidad en la unidad», cuya realidad histórica y antropológica no deja lugar al disparate y falacia del nacionalismo separatista y fragmentario. Al nacionalismo como autodeterminación. Si bien queda dicho, que del mismo modo nos oponemos totalmente a un patriotismo español centralista y laminador, que pretenda una España uniforme ajena a su propia y evidente diversidad. Ajena a la verdad histórica y antropológica de España.

Es un tema muy importante al que en gran parte hemos dedicado nuestro libro *Hispanofilia. España frente a su destino*[5], y en el que se reflejan las desviaciones y corrupciones de la Modernidad en cuanto a la ideología nacionalista[6]. Que no puede sino pervertir la virtud del patriotismo y la idea de «espíritu nacional», en una línea de subversión y desviación que remite, en realidad, a las ideas de individualismo y autodeterminación del mundo moderno. Ideas matrices para el desarrollo del descarrío de nuestro tiempo.

En este sentido, frente a la subversión y falacias de la ideología «nacional separatista»; la defensa de la España unida a la vez que

5 Editorial Almuzara. 2021.

6 Recordemos fundamentalmente tres ideologías en el desarrollo e implementación de la Modernidad: los liberalismos, que pervierten y sobredimensionan la idea de libertad e individuo; los socialismos, que pervierten y sobredimensionan la idea comunidad, justicia social e igualdad; y los nacionalismos, que pervierten y sobredimensionan la idea nación, de pueblos históricos y «espíritu nacional». Todas ellas enfrentadas, mezcladas, y en competencia y colaboración, son las que terminan por traernos a la civilización del nihilismo y la «era del paria» por la que hoy día transitamos. Y las tres están llamadas a ser superadas desde los principios del que fue su antagonista, el mundo de la Tradición, y mediante la actualización y restauración de dicha cosmovisión tradicional...

articulada en su diversidad mediterránea, meridional, mesetaria, pirenaica y atlántica... En León, Castilla, Cataluña, Aragón, Vascongadas, Galicia o Andalucía. Todas ellas partes integrantes, insoslayables, reconocidas, e insustituibles, de la realidad de España. De una España que no podrá responder entonces ni a un centralismo laminador y unilateral, ni aun regionalismo degenerado en «nacional separatismo». Siendo tanto la sobredimensión de la «unidad», como la sobredimensión de la «diversidad», reflejos de esa subversión moderna que hemos señalado al empezar, al hablar de individualismo y autodeterminación.

En continuidad con este planteamiento, el lugar propio de un sano patriotismo español es abrirse a su vez al reencuentro con Portugal así como a una renovada idea de Europa. Una Europa construida ahora no desde la Modernidad, sino desde la actualización y restauración de la propia tradición europea. Tradición en la que, como hemos visto anteriormente, España tiene mucho que decir... Siendo a su vez que es desde dicha restauración y actualización tradicional, que España puede abrirse de nuevo a la Hispanidad. Que será ahora tanto el reencuentro con aquello de «las Españas» capaz de participar de dicha restauración tradicional, como la continuación de la que fue la «labor misionera» que alentó la proyección imperial de España en el mundo. Labor que hoy día no sería sino el de ese horizonte de restauración y actualización tradicional, frente a las desviaciones, decadencia, y degeneración del mundo moderno.

Siendo, por otro lado, que es precisamente desde este planteamiento e idea de patria, que no podrán sino generarse consecuentemente principios socioeconómicos de justicia social, ayuda mutua, redistribución de la riqueza, solidaridad y equidad. Principios de comunidad. Una patria así con vocación de comunidad; y una comunidad así de raíz patriota.

Un patriotismo en definitiva integral. Que abarca todas las capas de la patria española: tanto en cuanto al sustento, la comunidad y la riqueza; como en cuanto al cuerpo y territorio, en sus distintas regiones, raíz europea y proyección mundial; como en cuanto a su espíritu: en esa actualización y restauración tradicional frente al nihilismo y distopía de la Modernidad.

Nihilismo que es, y no debemos olvidarlo, sino el enemigo principal… El origen precisamente de la antipatria del nacionalismo secesionista, así como de la corrosión de la identidad tradicional europea. El cáncer que en un renovado espíritu cruzado, de «reconquista e imperio», un sano patriotismo español debe estar llamado a extirpar…

Noveno: «La Vertical y el Centro»

Dicho todo lo anterior, es fundamental y se debe subrayar y tenerlo bien presente, que el horizonte de regeneración espiritual que necesita Europa y Occidente, sobrepasa y trasciende con mucho toda posible «nostalgia y regreso» del pasado. Toda suerte de, por decirlo así, «neotradicionalismo»… De cosmovisión tradicional como nostalgia e intento de reproducción de un pasado idealizado. Adopte aquí dicha intención y sentimiento las vestiduras que sean. Más paganas o más cristianas. Más de inspiración antigua y clásica, más de inspiración medieval y cristiana, o más incluso de inspiración exótica y oriental. Más allá así de toda vestidura religiosa y raíz histórica que se le quiera dar y que ciertamente nos pueda orientar y formar, lo importante no es el pasado en sí, lo importante es que dicha regeneración espiritual a través de la actualización y restauración de la cosmovisión tradicional debe erigirse conforme a un núcleo esencial de principios puros e Incondicionados. Perennes, suprahistóricos y metarreligiosos. Que podemos leer en «los ecos del pasado», pero que trascienden dicho pasado… Principios referidos a esos conceptos y prácticas que aquí hemos recogido como «Trascendencia Inmanente», «Gracia suficiente», «espiritualidad activa», «dimensión de la aseidad», «hierofanía», «Cruzada», «Tierra Baldía», «retorno del Rey», o «Tradición Eterna»… Conceptos y prácticas que hemos comentado en repetidas ocasiones a lo largo de este libro, a través a su vez de distintos términos del «glosario» de distintas tradiciones, de Oriente a Occidente, de raíces compartidas, y que son en gran medida parte medular de este texto y por decirlo así, son el «mínimo común denominador» de la cosmovisión tradicional.

Principios que no remiten de este modo a la mera horizontal histórica y cronológica de lo humano, a lo condicionado y contingente del mundo tradicional, sino que apelan a la dimensión cualitativa, incondicionada, «vertical y central», puramente metafísica de la Tradición. Que es precisamente lo que debe actualizarse y restaurarse... Aprovechando así la propia fractura histórica que supone la Modernidad, como vía y espita hacia lo suprahistórico, hacia «la vertical»... Propiciando desde dicha «vertical y centro» que se dé de nuevo en nosotros y desde nuestra propia realidad, desde nuestro propio *Dasein*, la experiencia del Absoluto, de la Trascendencia, de la aseidad. Como «nuevos *rishis*» capaces de unos «nuevos Vedas»...

Volver así a ser, existir y constituirnos, de «arriba abajo». De «dentro afuera». De la «Naturaleza Buda» al *Samsara*. De la causa al efecto. De la causa primera a todas las cosas. Del presente absoluto de lo Eterno, al infinito discurrir del espacio y el tiempo... Un giro antropológico total respecto del marco mental, del cómo se piensa, de la Modernidad. Del mundo psíquico y volitivo de la Modernidad. Limitado, horizontal, «samsárico», ofuscado, y «felizmente» alienado. Pues todo lo que no es *Arya Dharma* realmente no es. Y nosotros reclamamos Ser...

Atrás debe quedar así tanto el nihilismo materialista de la Modernidad, como el nihilismo puritano de los integrismos religiosos. Y no seremos entonces ni sacerdotes, ni políticos, ni clérigos, ni ideólogos, y por supuesto, mucho menos, fanáticos religiosos. Seremos los hombres y mujeres de la *Areté*... Y a dicha *Aristeía* y *Agathon* deberemos remitirnos si aspiramos a la primacía absoluta de lo espiritual y a trascender tanto el nihilismo moderno como lo unilateralmente clerical, fideísta, rigorista y devocional, de una tradición fallida y espiritualmente emasculada como lo es el islamismo. Desbordando las costuras de ambos errores y derivas conforme a una «vertical y centro» del Espíritu, anterior y superior a cualquiera desarrollo y planteamiento de ellos dos. Y a cualquier decadencia y degeneración que de uno u otro pueda alcanzarse.

*

Dice Cristo en los Evangelios: «En verdad os digo que el que no nazca de nuevo no podrá ver el Reino de Dios (...) lo nacido de la carne es carne, pero lo nacido del Espíritu es Espíritu» (Juan 3, 1-8). Y casi como continuando las palabras de Cristo, pero con imágenes que parecen llegadas de las enseñanzas platónicas, muchos siglos después, ya en la Edad Media, el maestro Eckhart escribirá: «Sal completamente de ti para Dios, y Dios saldrá completamente de sí para ti. Habiendo salido ambos, lo que quedará será el Uno»...

Ahí está todo.

Décimo: La vida humana es radicalmente problemática

La vida humana es radicalmente problemática... Problemática porque necesita perentoriamente ser resuelta desde el punto de vista material, de las necesidades, comodidades y gozos materiales, pero no basta con resolverla sin más a ese nivel, e incluso resuelta con éxito y especial prosperidad en dicho ámbito material, sigue condicionada y, por ende, incompleta. Sometida siempre a la dimensión de lo transitorio, impermanente, efímero. Y lo mismo para el ámbito sentimental y amoroso, que hace parte fundamental de la vida, que nos llama en lo profundo y mueve poderosamente, pero que resuelto o no, bienaventurado o no, no termina de alcanzar a la cuestión medular y nuclear de la vida humana, que sigue siempre y en cualquier caso discurriendo en lo transitorio e impermanente de todas las cosas. Siendo precisamente en dicho ámbito sentimental y amoroso que se manifiesta especialmente ese anhelo de completitud y permanencia, y se vive eventualmente la sensación de satisfacerlo, de estar tocándolo con los dedos, y se convierte ahí en la experiencia más elevada y feliz de nuestra vida... Pero que de nuevo sigue, en cualquier caso, incluso en el amor victorioso que no decae con el discurrir de la vida, sometido a la conclusión final de toda cosa nacida: la muerte...

En este sentido la vida, en ese nivel más inmediato y horizontal, no tiene arreglo. «No tiene salida»... No hay plan B.

Y esto no deja de ser así ni puede dejar de ser así. Porque la problemática de la vida, mientras la vida misma se viva desde ese nivel inmediato y horizontal, no da para más... No llega más lejos. Y es que «lo necesario y lo Importante» no son la misma cosa. Y «liberarse» de lo Importante es quedar en realidad atrapado en lo necesario... Y ahí, en la «ignorancia suprema» y la carencia perpetua, y la incapacidad para ver y asumir las cosas de este mundo tal como son: todas impermanentes, transitorias y efímeras...

«Todo lo que no es Buda es *Samsara*», nos enseña «la doctrina del despertar». Y la Modernidad ha resultado ser el culto a dicha ignorancia y a dicho «*Samsara*» que se pretenden neciamente afirmar en solidez y perdurabilidad. Pero eso no es posible... Y la vida del alma se aboca entonces al engaño profundo y la carencia perpetua... Por el contrario, en la cosmovisión tradicional, la vida es vivida como posibilidad de superación de la ignorancia radical y de afirmación del alma más allá del *Samsara* y a través del propio *Samsara*. Y ahí la dimensión de la aseidad, de la invulnerabilidad interior, y de la Consciencia y libertad de lo Incondicionado. De lo «Inmortal»: de lo nunca nacido y nunca muerto. Y todo lo demás, todo lo que no sea eso, no es. Ni servirá...

«No solo de pan vive el Hombre» (Mateo 4, 3-4), dice Cristo; y «quien quiera salvar su vida, la perderá. Y quien no le importe entregar su vida por mi causa, la salvará» (Mateo 16, 25-28). Lo Importante y lo necesario. Cada uno en su lugar. Jerarquizado y delimitado. Sin confusión ni engaño.

La vida humana efectivamente es radicalmente problemática. Y solo el problema queda resuelto y el propósito expedito cuando sabes y asumes el argumento central y primero. Y desde ahí planteas, afrontas, organizas, vives y eventualmente resuelves todo lo demás.

*

... Y entonces sí, impasibles en el vórtice del Kali Yuga, «impasibles en el pico del buitre», «ser la atmósfera que trae la tormenta, que trae el rayo que lo gobierna todo»... Ser de nuevo «los hierofantes» que propician «la epifanía» y hacen posible «el regreso de los dioses fuertes». Hacen posible la regeneración espiritual de Europa y Occidente...

SEGUNDA PARTE
CABALGAR EL TIGRE

Cabalgar el tigre del Kali Yuga

El argumento de la vida humana sigue siendo el mismo ahora que antes, y los dones y adversidades de la vida también. Lo que ha cambiado ha sido nuestro conocimiento y relación con las vías y herramientas de orientación y apoyo para la consecución de dicho argumento. Lo que ha cambiado es nuestro conocimiento y relación con la cosmovisión tradicional….

En la Tradición, el argumento de la vida es el «progreso espiritual», siendo el «progreso material», un mero medio o soporte para el desarrollo de dicho argumento. Ahora, el día que la «tradición» (entendida aquí en su sentido más histórico y contingente), plantea que el «progreso espiritual» no está en manos del Hombre y que este poco o nada puede hacer respecto de la Trascendencia, más allá de unilateralmente «confiar y obedecer», será cuestión de tiempo que la propia «tradición» o se fanatice como obsesión religiosa o quede relegada a un lado como lastre y engaño del pasado que poco puede indicar ya sobre cuál es el camino a seguir…

Si el Hombre no puede así acercarse o «hacer méritos» respecto de la Trascendencia, el «progreso espiritual» se convierte entonces en cuestión que poco o nada tendrá que ver realmente con las posibilidades de su persona y de vida y como tal, o se impondrá desde fuera como un rigor puritano e integrista que aliena la propia conciencia y libertad humana o podrá ser directamente dejado atrás relegándose a la esfera de lo meramente personal, o al recuerdo de una época «oscurantista» que «por suerte», podemos olvidar…

Obviamente y muy sintéticamente, ya lo hemos señalado en varias ocasiones a lo largo de este texto, es de este modo que se habrá producido el advenimiento de la Modernidad en

Occidente. La cual establecerá que la Tradición ha sido superada y que el «progreso material» es el verdadero argumento de la vida. Y que este puede conducirnos a la felicidad e incluso algún día, a una suerte de mundo ideal y paraíso terrenal de paz y bienestar... Del mismo modo frente a nosotros, el integrismo islamista será la otra cara de la moneda que venimos comentando y en él, de manera especialmente enfermiza, se manifestará la desviación alienante del fanatismo y el puritanismo, vestido en no pocas ocasiones de un análogo culto obsceno y ridículo a la riqueza material.

En cualquier caso, en Occidente la Modernidad se erige en sustituta de la Tradición y esta queda reducida a un paisaje como de «ruinas del pasado» que aun a pesar de su encanto, bueno es que «su mundo» ya no sea el nuestro y que la continuidad con dicho pasado haya sido rota, y ahora podamos marchar «emancipados»... Y, sin embargo, nada parece indicar que el «mundo feliz» del progreso y la Modernidad esté próximo y más aún, parecerá claro que la desazón y el desencanto, la ansiedad y la depresión, el sinsentido y la necedad, se han convertido en el signo característico de nuestro tiempo. Y es que a pesar del Mundo Moderno y su «progreso», el argumento de la vida sigue siendo el mismo, y los dones y adversidades de la vida, también...

*

La «tradición», en su sentido histórico y contingente, efectivamente ha quedado reducida a ruinas y por evocadoras y aleccionadoras que estas sean, ya no es vía y herramienta de «progreso espiritual». Estamos así «como huérfanos de tradición»... Ahora, dicha «tradición», entrecomillada y con minúsculas, solo es un vehículo de la Tradición con mayúsculas, de la «Tradición Eterna», la cual, al modo platónico, no depende de nada contingente o histórico y no puede ni gastarse ni agotarse, siendo en sí misma, y siempre, fuente perenne de sabiduría y fuerza, y semilla de toda restauración tradicional.

Lo que ha ocurrido entonces es que dicho «vehículo», por mor de sus propias desviaciones y caídas (fundamentalmente dudar del Hombre como portador de «Luz y Fuerza suficientes», de «Gracia suficiente», de la potencia del «Espíritu»), dejó de ser una herramienta y vía al servicio efectivo del propio «progreso espiritual», abriéndose de esta manera las puertas a la posibilidad de la subversión moderna. Se preparó así el terreno a lo que aquí hemos llamado «la Medianoche del Mundo». La «Edad Oscura» que hoy día es ya, el signo de nuestro tiempo…

Pero la «Luz de lo Alto» no se aparta… y es posible, aún huérfanos de «tradición» y en pleno Kali Yuga, recorrer el «Camino del Espíritu» y dar cumplida realización al argumento de la vida. Es posible hacer de la «necesidad virtud» y «Cabalgar el Tigre» de la Modernidad, convirtiendo a esta en oportunidad de un renovado «despertar». De un nuevo comienzo en el que los propios paradigmas del mundo moderno son dados la vuelta para decantar justo lo contrario, y en el que la «revolución espiritual» ya no depende del pasado para echar a andar, aunque este nos enseñe e inspire, pues la fuente de la que se nutre no está «más atrás», sino «más arriba y más dentro». En «lo Alto y lo Profundo». En la «Vertical y el Centro»…

Y esa es la vía del «camino del Espíritu» cuando llega la Medianoche del Mundo, y esa es la revolución que necesita nuestra época, si «revolución» significa volver al origen y renacer el ciclo. Y ahí la *Áskesis* que forja nuestras almas en la «Llama Imperecedera» y convierte nuestras vidas en una Espada de *Areté* capaz de hacer del «Tigre de la Modernidad», no la «Bestia del fin del Mundo», sino la cabalgadura del Héroe…

*

Conseguir que la «Edad Oscura» sea un nuevo comienzo, una renovada oportunidad… Y ahí la prueba del Héroe en el Kali Yuga. Hacer de la «medianoche del Mundo» no un mero pasaje oscuro, sino la oportunidad de un renovado encender del «fuego secreto». No lamentarse ni integrarse, ni mirar con nostalgia el pasado… Hacer nuestro el momento presente, pero no para asimilarnos a él y «progresar» con él hacia la posthumanidad, sino para abrir a través de él y de su oscuridad una ocasión de renovada forja y esclarecimiento. De renovada búsqueda y aventura vital y espiritual. Como héroes del Grial en la Tierra Baldía y como «guerreros lobo» de las *Männerbünde* haciendo de la noche su oportunidad...

De ese mundo de la «tradición», puramente histórico y contingente y que ha quedado en ruinas, no debemos así llorar ni lamentarnos, sino destilar lo esencial. Aquello que, con vestiduras mortales y terrenas, fue sin embargo perenne, universal y eterno, y está libre así de todo condicionamiento temporal, espacial y cultural. El pasado se convierte de este modo en ruinas evocadoras, pero tenemos autonomía histórica respecto de esas ruinas evocadoras. No tenemos que irnos «a vivir allí»... Nos inspiran, sí, pero para una búsqueda y forja que apunta y orienta no tanto atrás como «lo Alto» que estuvo atrás. Siendo entonces que a partir de esas ruinas intuimos y vislumbramos algo que no puede ser reducido a ruinas por el paso del tiempo, y que ninguna edad oscura puede destruir por negra que sea su noche. En ese ejercicio anagógico se nos invita así a mirar hacia la dimensión de lo Eterno, de «presente absoluto» y perennidad, y entonces sí, conectando con esa dimensión de aseidad y eternidad, forjar en nosotros mismos un nuevo comienzo en un renovado tipo humano, antagonista total del paria posmoderno. Antagonista total del sujeto «samsárico» de nuestro tiempo. Forja de unos nuevos *Aristoi* en plena Edad Oscura, que son vanguardia de un nuevo comienzo a partir de aquello, que ninguna Edad Oscura puede corromper... Y que precisamente han hecho de dicha «medianoche del Mundo», no lugar de lamento, nostalgia o «feliz degradación», sino oportunidad de renovada *Áskesis* y *Areté*. De «licantropía guerrera» y *Lupus Dei*. De «milicia del Grial» y Cruzada. De «forja de la espada» que prepara el retorno del Rey...

*

El primer paso así de este «Cabalgar el Tigre» de nuestro tiempo es de este modo esa «autonomía histórica» respecto del pasado, por inspirador y aleccionador que este sea. Maestro sí, pero para emprender no un intento de regresar a otra época o tiempo periclitados, sino una ascesis y entrenamiento para volver a grabar en el alma el sello de lo Eterno... El punto de partida es así aquello que no puede quedar atrás, ni gastado, ni arruinado, ni agotado, ni destruido, porque trasciende la propia historia y el espacio-tiempo y es perenne e Incondicionado. Es la «Vertical y el Centro». Es el «fuego secreto» y la médula de la Tradición. Y ni se aparta ni se gasta y puede forjar el alma en espíritu, sabiduría, fuerza e invulnerabilidad. Y es desde ahí que afrontamos esta época de oscurecimiento.

A partir de aquí, no quejarse, ni lamentarse, ni desesperar, ni rabiar... La Edad Oscura está aquí y es el tiempo que vivimos. Y su propio advenimiento es precisamente la señal de que es posible un renovado despertar y ciclo espiritual a la contra de dicha oscuridad. Aprovechando aquí la propia decadencia y degeneración de nuestro tiempo como resorte para una mayor actualización y presencia de su contrario. Para forjar y encarnar aquello que precisamente está faltando. Para convertirnos nosotros mismos en esa «otra cosa»...

Y esto hay que hacerlo porque sí. Sin esperar nada a cambio. Sin esperar a recoger frutos en esta vida o en esta época. Simplemente hacerlo porque esa es la tarea y misión más propia y abnegada a la que puede consagrar su vida un «guerrero espiritual» en tiempos del Kali Yuga.

Ahora, dicho esto, y si hemos comprendido que hay una *Lux Aeterna* que no es sofocada por la Edad Oscura, y que esa Luz no se aparta ni decrece, y que incluso en la Edad Oscura sigue presente en nosotros y puede el alma humana hacerla suya; y si hemos comprendido que las ruinas del pasado, pasado son, pero aun así nos pueden inspirar hacia dicha vertical de «Luz perenne»; y si hemos también comprendido que no hay que desesperar, y que podemos «Cabalgar el Tigre» de la Modernidad y convertir la noche en oportunidad y que esa oportunidad es precisamente la consigna y significado espiritual de nuestro tiempo. Si hemos comprendido y dicho todo esto, también pasamos de «las musas al teatro» y hay que bajar a la vida cotidiana y a la realidad inmediata y prosaica de dicha cotidianidad, y hacerse cargo de que hay un montón de circunstancias de esa vida cotidiana del mundo moderno que pueden ser alienantes y «grises» a la par que difícilmente soslayables. Circunstancias que aparentan ser completamente ajenas a todo lo que aquí se está hablando y que, sin embargo, nos demandan y nos arrastran, y parece difícil que no nos absorban en esferas de pura mundanidad moderna donde quedamos como tapados y todo lo dicho aquí, nos parece entonces lejano y distante, e incluso una vez del todo alienados, diletante y ocioso.

Podría así dar la impresión de que es realmente ardua y difícil la «rebelión contra el mundo moderno» y el camino del *Arya Dharma.* ¿Cómo consigues no quedar arrastrado por las fuerzas e inercias de nuestro tiempo, que parecen trascender tu mera individualidad y parecen abocar a un estado de profunda ignorancia espiritual, desarraigo y adocenamiento ideológico en aras de la democracia, el mercado, la lucha de clases, el nacionalismo fragmentario, el feminismo posmoderno, la ideología de género y tantas y tantas derivas y desviaciones que hoy día nos asolan?

Ciertamente estamos a la intemperie y en la «tierra baldía», y esa soledad e intemperie es rasgo determinante de la ecuación espiritual de nuestra época, pero como venimos diciendo, no ya en este capítulo sino a lo largo de todo este libro, dicha ecuación obliga a un especial esclarecimiento, disposición de ánimo, y autonomía, en el que la propia oscuridad e intemperie se ven como oportunidad, utillaje y momento para una renovación de la «Raza del Espíritu», del Hombre de la *Areté.* Una ocasión de palingénesis capaz de alumbrar un tipo humano de superior señorío interior, de superior conocimiento de sí, de autoridad y jerarquía para con su propia alma, de desafectación y templanza, profundidad y distancia, «Centro y Vertical», Consciencia, presencia, orden, sentido de hermandad, sabiduría y fuerza, y la libertad propia del *Hegemonikón*... Una renovada *Aristeía* que es en sí misma el anuncio del fin de la oscuridad moderna.

En este sentido, la propia vida cotidiana de la Modernidad, las propias mediocridades, desórdenes y miserias del nihilismo moderno, nos tienen que servir para ejercitar nuestra alma y crecer espiritualmente. Nos tienen que servir de acicate, búsqueda, discernimiento y «forja de la espada».

A partir de aquí, aunque sea muy sintético y breve, y necesariamente incompleto, traeré a colación algunos casos concretos de los que derivar coordenadas generales de actuación y disposición de ánimo frente al mundo moderno. Son solo algunos vectores fundamentales de esta civilización loca, trivial, fea, ofuscada y alienante, que hoy día padecemos, solo algunos, no todos, pero de la confrontación con su problemática pueden derivar pautas generales aplicables a otras muchas facetas de nuestro tiempo.

*

El primero y el que más puede afectarnos de manera directa: la vida moderna gira en gran medida alrededor del dinero y del trabajo. Y aquí queremos decir y como ya hemos señalado en un capítulo anterior, no que en la vida humana la necesaria e insoslayable dimensión del trabajo, lo económico y la consecución de sustento y prosperidad sea fundamental, sino que se piensa la vida misma en términos económicos. Se le da a la existencia humana un horizonte económico tal que se pretende que todo se entienda en cuanto a la economía y todo se pretenda resolver desde ahí. Haciéndose de la economía la vara maestra que mide y penetra todas las cosas: todo se comprende y se resuelve en la medida en que se comprende y resuelve lo económico. Efectivamente hemos hablado antes de ello: «Lo Importante y lo necesario». La vida moderna como confusión de lo Importante con lo necesario…

Frente a esta situación en la que ya estamos y en la que vivimos, con Adam Smith y Marx, y sus diferentes derivadas, como marcos teóricos de fondo de la vida político-económica del mundo moderno y, por ende, de la propia antropología del Hombre moderno, ¿qué podemos hacer?

Ciertamente, la existencia humana basada en un horizonte puramente material y económico, orientada mayormente al mundo del trabajo, el dinero, la producción, el consumo y el culto a la riqueza y la *prosperity*, siempre fue considerada para el Hombre de la Tradición una existencia inferior, propia de seres humanos degradados y regresivos. Una existencia infrahumana contraria a la antropología de la *Aristeía* del mundo tradicional. Para la cual, la sola idea de una sociedad y un tipo humano medio, absorbido de semejante obsesión económica, sería considerada un disparate ajeno a toda realidad y comprensión de las cosas. A toda experiencia del potencial profundo de la vida humana, de su significado espiritual y de la propia evidencia dura e insoslayable de quien manda en la vida terrenal: la muerte…

Recordemos aquí las lecciones del *Finis gloriae mundi* del barroco español, pero también «nuestras vidas son los ríos que van a dar a la mar, que es el morir», de la Edad Media española y Jorge Manrique, o el tremendo y esclarecido lamento de Pleberio, padre de Melibea, en *La Celestina* y a la muerte de su hija: «¿Para quién edifiqué torres? ¿Para quién adquirí honras? (…) ¿Por qué no destruiste mi patrimonio? ¿Por qué no quemaste mi morada? ¿Por qué no asolaste mis grandes heredades?», y la vida entonces, en cuanto su mera dimensión material y contingente, comprendida como una «engañosa feria», como un «laberinto de errores», como un ridículo «juego de hombres que andan en corro»… Efectivamente para el mundo de la Tradición la vida moderna del economicismo y la *prosperity* sería un juego enloquecido y ridículo ajeno a la realidad y la verdad de las cosas, una vía errada ajena a esa *Areté* clásica que en la Odisea mueve a Ulises a abandonar el paraíso terrenal de la ninfa Calipso y salir a las miserias del mar y cumplir su destino, aun cuando este pudiera ser fatal. La Modernidad en su culto a la riqueza material, la comodidad, la inmediatez y el placer, bien hubiera hecho imposible la Odisea y Ulises se hubiera quedado en la isla de Calipso. Con la diferencia de que no es posible para el ser humano, dicha isla ajena a la miseria, la enfermedad, la contingencia, la vejez y la muerte. Eso no existe ni es posible. Y es en realidad de cara a la muerte que se debe vivir la vida… En la Tradición incluso, de cara a la muerte y conforme a las consignas e ideal de la santidad y el heroísmo. Del «tan alta vida espero, que muero porque no muero» de la mística española santa Teresa de Jesús o del poema del soldado español del Siglo de Oro Gutierre de Cetina, a los huesos de los españoles muertos en Castelnuovo: «Héroes gloriosos, pues el cielo os dio más parte que os negó la tierra, bien es que por trofeo de tanta guerra, se muestren vuestros huesos por el suelo (...) no dejasteis a los vivos gozar de tanta gloria, que envuelta en vuestra sangre la llevasteis; sino para probar que la memoria de la dichosa muerte que alcanzasteis, se debe envidiar más que la victoria»...

Es irreal y loco querer vivir así en la plantilla del «demonio de la economía». Pues la vida no perdona y la muerte tampoco. Y la ofuscación moderna apenas llega a darse cuenta de ello y de ponerlo en el centro. Y es al contrario en esa «gloria», mística y heroica, de santa Teresa y de Castelnuovo, que desborda la propia mundanidad y templa el alma en la *Aristeía* y frente a la vida y sus contingencias, que el mundo de la Tradición nos enseña cuál es el camino.

En este sentido bien claro está que nosotros no seremos modernos, y lo importante entonces es «merecer el Valhalla», y a eso se viene al mundo. Y desde ahí todo lo demás. Y luego ya y claro está, el dinero, la economía, el sustento, la prosperidad. Lo necesario. Pero en su lugar, y en este orden de cosas. Y a despecho de la Modernidad, afrontar y relacionarnos con el trabajo y el dinero haciéndolo entonces de otra manera... Por decirlo de algún modo: para nosotros la existencia es un medio para la Trascendencia, y no un fin en sí mismo. Y en este sentido los medios que facilitan la existencia no dejan de ser medios, y nunca serán fines. Nunca nos justificarán ni definirán. El fin de nuestra vida nunca se resolverá de acuerdo al mayor o menor éxito material o económico, y de darse este, será en pos precisamente de dicho horizonte de gloria. De misión, tarea, destino y Trascendencia. Aunque todo en nuestro entorno gire alrededor del dinero, de la economía, nosotros no lo haremos. «Porque tan alta vida espero, que muero porque no muero»...

*

Dicho esto, nos podemos enfrentar a un montón de situaciones laborales y económicas en las que sintamos el peso de la alienación... De la vida en la rueda del ratón y de la imposibilidad de sustraernos al mecanismo en el que nos vemos abocados a ocupar horas cuantiosas de nuestra existencia. Acá, los hombres y mujeres de la

«Raza del Espíritu» deben tener siempre presente que sea cual sea el escenario en el que nos encontremos, siempre podemos permanecer activos frente a él y no ser meros sujetos pasivos sobre los que «sucede la vida». Con este «permanecer activos» queremos decir que sea cual sea ese escenario, bueno, malo o regular, para nosotros es siempre para lo mismo: o para forjar nuestra alma en la *Áskesis* y *Areté*; o para predicar y hacer apostolado del mundo de la Tradición; o directamente para hacer rebelión, para hacer insubordinación, para hacer la guerra contra dicha Modernidad. De tal modo que el trabajo, independientemente de que sea un medio para conseguir dinero y que todo parezca girar alrededor del dinero, para nosotros dicha vida laboral estará siempre en esas coordenadas y en ese lugar, y es desde ahí que lo viviéremos. Y antes de que pudiera caer sobre nosotros como una losa, lo vamos a entender como una oportunidad…

En primer lugar y cuando así nos toque por las circunstancias que fueran, el trabajo podrá ser «la experiencia del desierto». Y con esto quiero decir la experiencia del trabajo como algo árido, que no nos estimula ni realiza, como un lugar inhóspito, que no llena el alma, y donde no hay nada que sacar más allá de la propia fatiga gris de la jornada. Cuando así sea y por ahora no podamos sustraernos a esta circunstancia, como los «padres del desierto» de la tradición cristiana, que se iban a lugares remotos y desiertos a despertar su fuerza interior, su invulnerabilidad, y su aseidad y libertad del alma frente a las flaquezas del mundo, así también nosotros haremos de dicho trabajo nuestra *Áskesis*. Si quedamos atrapados en la rueda del trabajo sin alma y mientras no podamos romper esa cadena y escapar, convertiremos así esa misma cadena en palanca y soporte para la «gimnasia del alma». Para hacernos más fuertes, más silenciosos, más pacientes, más libres respecto de las miserias y contingencias de la existencia. No hace falta así hoy día marchar a desiertos remotos, ni ingresar siquiera en monasterios apartados, pues muchas veces la propia vida cotidiana podrá abocarnos a un desierto sin estímulos al que el Hombre de la «Raza del Espíritu», y mientras esa sea su circunstancia y no pueda cambiarla, deberá saber convertir y de acuerdo al foco y mentalidad adecuada, en un lugar para hacerse precisamente más fuerte. Más estoico y austero. Interiormente más libre. A la espera en todo caso de la ocasión para escapar y buscar otro lugar, pero mientras tanto en ese «resistir», crecer interiormente.

Del mismo modo y como hemos señalado, a veces el trabajo podrá ser también una ocasión y lugar idóneo para «hacer apostolado» y sembrar... Para meterte en la cabeza y corazón de la gente y abrir sus almas a las verdades del Espíritu y del mundo de la Tradición. Para hacer así «llamada y formación» y sembrar la semilla de hombres y mujeres diferentes e incluso antitéticos al tipo humano de la posmodernidad. Y entonces el trabajo convertirlo en plataforma de combate cultural contra la decadencia y la degeneración.

O quizás incluso resulta que tu trabajo te permite hacer rebeldía directa, pura lucha, guerra abierta contra la estupidez y desorden posmodernos. En cuyo caso con alegría heroica, vocación cruzada, y sin mirar atrás, ese mismo trabajo te brindará la oportunidad de la vida en la línea del frente...

Obviamente todo esto no es tan sencillo y requiere de comentario y desarrollo y aquí no nos será posible hacerlo, ni por ocasión ni por espacio, pues la casuística es muy amplia, y el trabajo y el dinero deben incardinarse en todo caso, en la idea de que ambos son energía interconectada, en circuito y en movimiento. Derivando la riqueza y la prosperidad, de entender dicho circuito y movimiento, y de saber participar activamente en el mismo. Pero eso es ya más para un aporte sobre solvencia finan ciera y negocios, que aquí no estamos haciendo. Daría para otro tipo de desarrollo que no es el objeto de este libro. En este sentido, esos tres horizontes que hemos señalado respecto del mundo del trabajo: de forja interior, de siembra y prédica, o de guerra y confrontación abierta, en lo esencial, sí servirán. Pues para los hombres y mujeres de la «Raza del Espíritu» el trabajo nunca es una mera labor de riqueza personal. Sino que siempre tiene una dimensión espiritual y de patriotismo. De compromiso y de combate. Siempre está dotado de un significado que trasciende la mera cuestión crematística. Y aquí, en cuanto a actitud y mentalidad, esa triple vía que hemos señalado, sí servirá para dotar de significado a todo cuanto hagamos, y sea cual sea la situación en la que estemos, permitiéndonos ponerla siempre a nuestro favor, en cuanto a escenario para el camino espiritual y «la Cruzada»...

*

Otro pilar fundamental de la vida cotidiana y a veces tan aparentemente trivial y loca de nuestro tiempo es la pareja, el amor, el sexo... Parecería que por un lado estaría el trabajo, el dinero y la economía. Y por otro el amor, la pareja, y el deseo sexual, configurando entre los dos, el sentido fundamental de la existencia humana. El horizonte desde el cual vivir y sin el cual nada tendría sentido. Y efectivamente era de esperar que en una civilización surgida del ascenso de «los sudras» y arribada finalmente al «reino de los parias», el dinero, el sexo, los sentimientos, los deseos y la mera riqueza material, terminaran por ser los protagonistas fundamentales.

Y hemos visto así como para el ámbito de ese mundo del trabajo hay, sin embargo, una actitud y respuesta propia para los hombres y mujeres de la «Raza del Espíritu». Del mismo modo pasará para el ámbito del amor, la pareja y el sexo...

Aquí resalta cómo por un lado encontraremos una fascinación inmadura y hasta infantil en torno a la idealización sensiblera y a la par pequeñoburguesa, de la pareja, el amor, y la felicidad marital. Y por otro lado tendremos una obsesión enfermiza con el sexo puro y duro, que llega a alcanzar niveles patológicos con la profusión desbocada de pornografía en internet. Daría la impresión así de que el hombre moderno vive entre ilusiones afectadas y burguesitas en torno al amor, y una adicción grotesca y degradante a la pornografía y la expresión y vivencia más vulgar y turbia de la sexualidad.

De nuevo aquí y frente a esto los hombres y mujeres de la «Nueva Milicia» deben asumir también esta faceta tan relevante de la vida humana, como un escenario idóneo para crecer en conciencia, madurar y fortalecer el alma y abundar en sabiduría, nobleza y autenticidad, y, aquí también, en alegría y gozo. Entendiendo las relaciones íntimas en cuanto a su realidad más honda y hasta fascinante: el hecho como «mágico» de que dos personas únicas e irrepetibles se encuentran, se atraen, se gustan e intiman. Y graban ahí un momento de altas posibilidades de intensidad biográfica en sus vidas. Y conscientes de ello, saben poner en valor a la persona que tienen enfrente, a la ocasión que están viviendo, y actúan entonces en consecuencia. Tratando de hacer de esa atracción entre dos seres humanos de vidas únicas e insustituibles, una atracción sincera, honesta y verdadera, y una experiencia de altas posibilidades humanas y significado espiritual para sus vidas. Sea o no esta relación perdurable en el tiempo, sea o no de compromiso marital posible, o sea o no de realidad caduca y limitada. Y decimos experiencia significativa en ese sentido que hemos dado de crecimiento, de maduración, de conciencia, de contento y gozo y experiencia bienaventurada de vivir. Y luego si, las contingencias de la propia vida y de las relaciones, y quizás su prolongación en el tiempo y en el compromiso, o quizás no, y su vivencia en un tiempo fugaz y esquivo, y quizás también los hijos y la familia, y quizás luego y por desgracia la separación y el fin de la relación, o por el contrario su duración bien aventurada para toda la vida, con un amor tierno de ancianos que hicieron juntos hasta el final el camino que en su momento les fue dado... Así feliz, triste, fugaz, duradero, malogrado, bienaventurado, con hijos o sin ellos, o para siempre, el camino de la vida personal y de las relaciones íntimas, en realidad muchas veces y aun con el mejor de los empeños, no siempre estará del todo en nuestras manos. Y muchas veces la vida tiene sus propios planes y no siempre son los nuestros... Y es que lo único que en realidad está en nuestras manos y desde lo cual podemos afrontar activamente el libre albur de los acontecimientos, y más aún en esta faceta tan relevante y profunda de las posibilidades de la existencia humana, es mantener a conciencia y firmemente el horizonte y norma de atenernos a la realidad de las cosas. Esto es, atenernos a la realidad de que estamos en la situación de encuentro en atracción sensual y amorosa, entre dos personas únicas e irrepetibles. Que conscientes de ello o no, son siempre llenas de potencial, de dignidad esencial inalienable, de camino espiritual propio, de anhelo de plenitud, alegría y gozo, de anhelo de paz del alma, de sanación del alma, de seguridad y unión, y también de luces y sombras y, consecuentemente, de necesidad de aprendizaje de vivir. Y es desde ahí que sea lo que tenga que ser, debe vivirse para vivirse de verdad, la faceta del amor sexual... Y obviamente en un mundo tarado por la obsesión sexual más cruda y concupiscente, y a la vez infantilizado por banalidades sensibleras, inmaduras, pasadas de azúcar y carentes de la profundidad y posibilidad que implica el amor sexual, esta dimensión tan relevante de la vida humana, no puede sino echarse a perder...

En este sentido, a los hombres y mujeres que nos gusta llamar de la «Raza del Espíritu», la vida es al modo de la Tradición Sapiencial un camino de autoconocimiento y conquista interior. Y en ese camino encuentras amigos, compañeros y camaradas; y también amores, romances, novias, parejas e incluso pareja para toda la vida... Y el valor aquí, ya sea de lo uno o de lo otro, la manera correcta de vivirlo y valorarlo, sea duradero, para siempre, o simplemente fugaz, es hacerlo desde esa conciencia y firmeza de horizonte que hemos señalado: de autenticidad y potencial espiritual a la par que gozo y alegría del amor sexual, y más allá de las inevitables miserias y contingencias de la propia existencia y del propio amor. Horizonte donde no cabrá ni la degradación de una sexualidad cruda y deshumanizada, ni la gazmoñería engañosa de un amor en realidad muchas veces calculado y encuadrado en la mediocridad de un ensueño pequeño burgués...

Y es así que el trabajo y el amor, la riqueza material y la sexualidad, y las dificultades y miserias de uno y otro, y las posibilidades y bendiciones de uno y otro, claves significativas de la vida humana, pueden afrontarse desde una mirada más honda, una vocación más alta, una mayor conciencia y mayor presencia de ánimo, una mayor sabiduría y fortaleza, un mayor aprendizaje y maduración del alma.

*

Más problemas de nuestro tiempo que tiene que hacer frente el «Guerrero Espiritual»... el mundo de la cultura de masas y el imperio de la tecnología. No solo está el problema del trabajo y el dinero, y que todo parece que gira alrededor de eso y debe definirse desde ahí. Y no solo está el problema de las relaciones íntimas, el amor sexual y su degradación nihilista o reducción a la mediocridad pequeño burguesa, aparte de esos dos problemas tan inmediatos, hay otro también inmediato y muy propio de nuestra época: nos rodea la cultura de masas y «el imperialismo la tecnología».

Vivimos en un mundo de cultura de masas hipertecnificado en el que tipo humano diferenciado que en este libro estamos señalando e invitando a forjar, debe inevitablemente tomar conciencia de la situación y actuar en consecuencia. En primer lugar, poniendo pie en pared y tomando distancia para con serenidad observar desde esa fría distancia los movimientos, inercias y procesos de dicha cultura de masas. Sus corrientes, impulso reflejo y, mayormente, irracionalidad. Comprendiendo en dichos procesos de masificación de los individuos y masificación de sus conciencias, tanto las inercias de la época, como las manipulaciones de las que dicha masa adolece, como las limitaciones del alma humana cuando esta no se trabaja o se orienta, y se le sustrae un significado superior a la existencia. Reflejándose en todo ello estados de ignorancia profunda, de ignorancia espiritual muy profunda, que son ya un rasgo propio de la disfuncionalidad de nuestro tiempo y de nuestras sociedades.

Si bien el tipo humano diferenciado y descondicionado que aquí estamos trabajando y que está en el frontispicio de la Tradición Sapiencial, desde esa misma distancia de fría observación, debe ser capaz de distinguir y reconocer aquello de la cultura de nuestra época, que a pesar de la masificación es reflejo, aunque sea tenue e indirecto, de esa otra cosa que queremos «encarnar». Es vocación apenas percibida de un horizonte que desborda los márgenes de la mera Modernidad, y es eco y llamada de un significado superior y un mayor anhelo de realidad. Manifestándose así en algunos elementos y corrientes de la cultura popular contemporánea, e incluso en la industria del entretenimiento, el deporte o la música. Ocurriendo entonces que en ocasiones, y aun en la «medianoche del Mundo», podrán surgir fenómenos culturales que serán reflejo de vocaciones, vivencias, inclinaciones del ánimo, formación y búsquedas, de una luz más alta. De una intensidad más real y verdadera. Aun a través de la propia oscuridad y nihilismo modernos. Debiendo ahí saber localizarlos y hacerlos nuestros y cultivarlos, si es necesario y tenemos ocasión de ello. Rectificándolos donde se requiera e incluso utilizándolos si se diera el caso, como herramienta de «apostolado» o de forja interior.

Aquí cabe señalar también que en ocasiones lo que podremos tener frente a nosotros no será tanto reflejo de una vocación más alta, más o menos consciente o actualizada, como reflejo de la desazón y desorientación que genera el mundo moderno, y del anhelo de esa «otra cosa» que no se sabe distinguir ni reconocer qué es, pero cuya carencia atormenta. En estos casos y para dichos fenómenos culturales también hay que saber ponerlos en valor y, si se diera la ocasión, ponerlos de nuestro lado. Pues al fin y al cabo detrás de esa desazón y detrás de esa angustia, la respuesta «somos nosotros»...

Y luego, por supuesto, están los fenómenos culturales que no tienen absolutamente nada que ver con nosotros y que incluso son abiertamente tóxicos y hacen parte del mundo e inercia de la alienación, la inconsciencia y la masificación. Aquí obviamente se requiere primero de un ejercicio de discernimiento que nos permita reconocerlos como tal y comprender la ofuscación en la que se mueven. Y desde ahí y seguidamente dejarlos pasar... Dejarlos pasar sin más. Si se nos permite decirlo así, dejarlos pasar con una sonrisa en el rostro. Con indiferencia jocosa, sin desesperar ni rabiar. Dejarlos pasar como una estupidez más de nuestra época que con nosotros no puede y que desde esa distancia y conciencia podemos dejamos pasar rumbo a su propia necedad, mientras nosotros preparamos y forjamos justo su contrario...

*

Y hablábamos y además en cierta medida vinculado a esa sociedad masificada, del «imperialismo de la tecnología». La sociedad posmoderna como sociedad hipertecnificada que, además, se encuentra ya en ciernes de la eclosión de la IA y del increíble salto disruptivo que esto implicará. Salto que además y muy probablemente se querrá casar con las tesis transhumanistas, por distópicas y delirantes que estas puedan parecernos... En este sentido, todo lo vivido hasta ahora en torno a la telefonía móvil, internet, las redes sociales y demás, no será tanto el estadio tecnológico de nuestro tiempo, como la simiente y preparación para el salto siguiente que tenemos ya en frente nuestro, y que terminará de dar lugar a un mundo absolutamente incardinado en la tecnología de la IA y sus posibilidades. De nuevo aquí y para el Hombre diferenciado, consciente, descondicionado, y antimoderno que la cosmovisión tradicional invita a forjar; y para la propia *Polis*, comunidad, familia y patria, orgánica, enraizada, histórica y espiritual, que dicho hombre genera, el mundo hipertecnificado que tenemos en nuestro entorno también requiere de saber poner pie en pared...

Aquí y desde las enseñanzas del mundo de la Tradición, se hace fundamental recordar que la tecnología tiene siempre un valor puramente instrumental, y es un medio más o menos refinado, efectivo, rápido y cómodo, poderoso y seguro, para afrontar la existencia en sus diferentes e inevitables contingencias. Y pueden ser encomiables y admirables los deslumbrantes logros científico-técnicos que el ser humano ha sido capaz de desarrollar abundando ahí en la calidad de vida para las personas. Pero ninguno de ellos y por deslumbrante que sea y en ningún caso, deja de ser un medio... Ninguno es un fin en sí mismo. La tecnología es así útil. Utilísima incluso. Pero no deja de ser una herramienta. Se mueve siempre en las coordenadas de «lo necesario», no de «lo Importante»...

En este sentido, la tecnología nunca deja de ser una simple herramienta, por avanzada y poderosa que dicha herramienta sea, y por útil que sea en orden a la calidad de vida. Y tomar absoluta conciencia de esto, y siempre relacionarte con la tecnología en estos términos, será clave para la mentalidad que en este libro se reclama. Mentalidad en la que los medios y los fines de la vida humana deben estar discernidos en todo momento y no se puede en ningún caso, al modo del tipo humano posmoderno, hacer del propio progreso tecnológico y del uso y disfrute de dicho progreso, el escenario predilecto de lo humano, del autoconocimiento, de la realización personal... Muy al contrario, la crítica tradicionalista a la mentalidad moderna tiene mucho que ver precisamente con poner la técnica y la ciencia en su lugar. Pues «lo Importante», tanto en la Edad del Hierro de la antigua Numancia como en el Madrid del siglo XXI, sigue siendo la dimensión metafísica y sagrada de la existencia y del alma humana, más que la mera «calidad de vida». Sigue siendo la soteriología y la correspondiente práctica espiritual desde la cual debe articularse la personalidad, la comunidad y el propio propósito de la vida humana. La «calidad de vida», sin referencia alguna a dicha dimensión teológica y metafísica, no deja de ser así un nihilismo escamoteado de comodidad material. Y dicho nihilismo escamoteado, no deja de ser una de las claves de la Modernidad...

La crítica tradicionalista no es así referida a la riqueza material *per se*, el progreso científico-técnico *per se*, o la sexualidad y su sensualidad *per se*, la crítica tradicionalista es por la pérdida de la dimensión metafísica y espiritual de la vida humana. Es una crítica a una forma de razonamiento y mentalidad que aniquila toda soteriología como argumento de vida y cercena la dimensión profunda que sostiene toda riqueza material, sensualidad o progreso técnico, hasta el punto de que perdido dicho anclaje, convierte al Hombre en mera función o engranaje alienado de dicha riqueza, sensualidad o técnica. La *forma mentis* moderna no así como una emancipación y liberación respecto del «oscurantismo tradicional», sino como una subversión y error que cursa al modo de un «engaño luciferino» que pretenderá llamar a la alienación del alma «libertad». Siendo ahí la técnica y su «imperialismo», junto a la omnipresencia de la economía y el sexo, clave fundamental de su fruto maduro: esa civilización de sociedades y conciencias ofuscadas y masificadas que hoy padecemos...

*

Al hilo de ese marco unilateral de economía, sexo, sociedad de masas y tecnología, que parece absorberlo todo en la vida moderna y que cercena todo horizonte de sentido superior y trascendente negando toda soteriología, encontramos también y como otra clave fundamental de ese mismo marco, al «demonio de la política»...

Todo está politizado y todo el rato se habla de política. La política se vive y argumenta como la trabazón que recorre todas las cosas y para un mundo sin dimensión metafísica ni referencia teológica, la política misma se convierte en religión y culto. En dadora de los significados últimos de la vida humana. Hasta el punto de pareciera que la conversación del común y mayormente no podrá versar más que de frivolidades, cuestiones de índole práctico y prosaico o de política...

De nuevo frente a este estado de las cosas, ¿cómo debemos comportarnos si nuestra ecuación personal y espiritual tiende hacia las antípodas de la *forma mentis* moderna? En primer lugar, teniendo claro que el juego político en las sociedades posmodernas es en sí mismo una corrupción ideológica que impide desde sus mismas coordenadas orientar dicha acción política hacia una comprensión justa, real y efectiva de las cosas, y *por ende* a actuar en consecuencia. Muy al contrario, dicho juego político perpetua la corrupción ideológica y la despliega de manera endémica penetrando todos los ámbitos de la vida social e incluso personal, abundando en lo disfuncional y decadente del conjunto. En el caso concreto de España las consecuencias de dicha corrupción ideológica se habrán hecho especialmente patentes con la maduración de la España del 78 y su expresión especialmente disfuncional durante los primeros 25 años del siglo XXI.

En este sentido, el tipo humano diferenciado al que en este libro nos dirigimos debe en primer lugar aprender a pensar la política desde fuera de esas coordenadas posmodernas y su correspondiente corrupción ideológica. Debe hacer así por anclarse en los principios y puntos de fuga antagónicos a las bases y principios de la política moderna y desde ahí operar en primer lugar en un ámbito de acción espiritual, cultural y antropológica que en sí misma, debe ser una bandera de contraste radical y opuesto al tipo humano posmoderno y su juego político... Haciendo desde ahí una crítica sin paliativos y sin complejos a dicha corrupción ideológica (en España ya decimos hoy día especialmente evidente[7]) y hacerlo con vocación futura de desbordar dicha corrupción hasta dejar atrás su sistema y pasar página y cerrar el ciclo de la desviación posmoderna.

Aquí será fundamental y como siguiente paso, tener bien claro que dicha herramienta política de contestación y desbordamiento, no está todavía lista y debe por tanto forjarse. No tenemos todavía la «espada» que corta el nudo gordiano de la desviación moderna y hay así una labor que hacer de filosofía política y de acción cultural y espiritual, que en sinergia entre sí deben ir de la mano para forjar dicha «espada». La cual a su vez y este sería un tercer paso, debemos tener bien claro, su forja pasa necesariamente por saber actualizar lo más perenne de la cosmovisión tradicional y saber a su vez reencontrarnos, reconocernos y reenraizarnos, en nuestro propio linaje y tradición. Aprendiendo aquí de su proceso histórico, de las resistencias y contras que ya en el pasado se dieron, también de los posibles intentos de actualización, y sin hacer en ningún caso un fetiche del pasado, aprender de todo ello para estar más preparados y concienciados para la presente «Cruzada»...

La propuesta así no puede ser sino trabajar la política desde fuera de las coordenadas del propio juego político moderno. De hecho, desde las antípodas de dichas coordenadas. Y entrar entonces en dicho juego político, usar sus cauces si fuera el caso, pero con la intención clara de desbordarlo, superarlo y dejarlo atrás. De participar, pero no pertenecer a él y usarlo incluso como caballo de Troya para su propio fin. Para cerrar el ciclo de desviación moderna por el que transitamos.

Obviamente todo esto se mueve en un horizonte de imponderables y de largo plazo que no permite aventurar grandes cambios inmediatos. Sin embargo, la semilla ya está sembrada y el signo de los tiempos señala al espíritu antimoderno como el espíritu propio de un futuro próximo. Como el horizonte y luz al final del túnel de la crisis de época por la que transitamos. En este sentido cada

7 Recomendamos aquí nuestro libro *Hispanofilia. España frente a su destino.* En editorial Almuzara. 2021.

cual humildemente y desde su trinchera, sin necesidad siquiera de participar activamente en ningún escenario político propiamente dicho, sí puede sin embargo actuar conforme a dicho espíritu antimoderno e incardinado en la cosmovisión tradicional, convertirse él mismo en el tipo humano antagónico a la posmodernidad, y con ello estar ya haciendo «milicia del Grial». Dar testimonio y hacer presente lo opuesto a la decadencia y degeneración de nuestro tiempo, y preparar así «la forja de la espada» que trae «el retorno del Rey» y pone fin a la «Tierra Baldía»...

*

Nosotros queremos la transformación del Hombre, queremos un movimiento espiritual, cultural y antropológico capaz de propiciar una transformación en las almas de los hombres y mujeres de nuestro tiempo. Y la política efectivamente se nos queda entonces pequeña. Nuestra ambición es mucho mayor y más alta. Pero es que solo desde dicha ambición más alta y mayor puede contemplarse la política si nos atenemos a la cosmovisión tradicional. Cualquier otra cosa sería entrar de nuevo en los círculos de corrupción ideológica que genera la Modernidad.

Pongamos así distancia respecto del juego político propiamente dicho de nuestro tiempo y desde esa distancia hagamos si es el caso uso práctico de las circunstancias políticas que nos rodean. Moviéndonos sin perder de vista nuestro horizonte y vocación y en orden a hacer de dicho horizonte una realidad y alternativa cada vez más presente y firme en nuestras sociedades. Pero sin dejarnos arrastrar por la vorágine enloquecida del juego político posmoderno... Recordando que no nos interesa la política, nos interesa la religión. Y que ese interés es el interés en realidad más político que puede pergeñarse...

*

Más temas... la relación entre nuestra propia vida personal y la conciencia y orientación que nos hemos dado. Tenemos así amigos, familiares, vecinos, conocidos, compañeros de trabajo, novias… Y puede ocurrir, y ocurre así en muchas ocasiones, que esas personas que queremos, conocemos y apreciamos, no están en sintonía con nosotros respecto de estas cuestiones que tanto nos atañen. No entienden cuáles son nuestras cuitas, nuestra formación, nuestra dirección, nuestra filosofía de vida. Les es completamente ajena la manera de vivir, de pensar, de trabajarnos a nosotros mismos que nos hemos dado y cultivamos. De alguna manera les llega a resultar extravagante o extemporánea, y es gente en todo caso que en muchas ocasiones nos conoce y nos aprecia de verdad y pueden ser hermanos, familiares, amigos de toda la vida, de la infancia o el barrio, y efectivamente todo esto que aquí estamos planteando les suena muy lejano… Y sin embargo esas personas no dejan de ser parte de nuestras vidas, pudiendo entonces en ocasiones no saber muy bien cómo relacionarnos con ellos a según qué nivel y proximidad.

Aquí y en primer lugar, tener bien claro que no ha lugar pretender convencer, explicar, plantear siquiera nuestra orientación y ecuación. Demos entonces simplemente ejemplo con nuestro estilo, nuestra actitud y nuestras obras de que vivimos de otra manera, estamos persiguiendo otra cosa y buscamos otro camino. Y que eso sea algo que se vea en nosotros, en nuestra manera de ser y de vivir, no en nuestra conversación cotidiana. Y si luego alguno de ellos se siente atraído por ese estilo, esa actitud y ese camino y se acerca y pregunta, entonces sí, podemos hablar con él de estos temas. Pero no hay que hacer proselitismo sin más, allá donde no ha lugar… De hecho, hay que estar atento para saber reconocer, encontrarte y conectar, con aquellos que sí resuenan con nosotros y ahí sí cultivar la formación y vía que nosotros seguimos, pero saber también mantener la distancia y discreción y no querer sembrar y cultivar donde no toca.

Seamos lo que queremos encarnar, convirtámonos en los hombres y mujeres de la *Aristeía*, de hecho, consagremos nuestras vidas a ello y que nuestra propia personalidad sea nuestro discurso y mensaje, pero no queramos en quienes nada de esto resuena y son sin embargo parte de nuestros afectos, cargar con palabras que no les pueden penetrar.

*

Por supuesto ocurrirá también que encontraremos personas que no es que sean ajenas a nuestro punto de vista, o que al contrario les resuene profundamente nuestro planteamiento, sino que a conciencia y sabiendo lo que dicen y hacen, estén posicionadas justo enfrente. Se encuentren en las antípodas de nosotros. Esas personas también pueden hacer parte de nuestro entorno próximo y también tienes que saber relacionarte con ellas, y aquí lo primero será discernir qué puede haber de cierto en su punto de vista. Qué puede haber de verdad en ese planteamiento opuesto a nosotros y que, sin embargo, en según qué cosas, podría estar diciendo la verdad. Y recocerlo y hacerlo nuestro también si fuera el caso. Pero debiendo al mismo tiempo estar muy atentos para darnos cuenta de dónde radica su ignorancia y ofuscación y, *por ende*, la consecuente concatenación argumental que les ha llevado al error, e incluso a vincularse emocionalmente con dicho error y argumentación. Siendo este saber ver la raíz de su error y más aún de su vínculo personal y emocional con el mismo, clave fundamental para saber hasta dónde merece la pena o no debatir mucho más con nuestro antagonista... Evitando así caer en el hábito del tipo humano discutidor y retórico que tanto enfanga la convivencia en nuestros días...

En este sentido y para estos casos, es casi más valioso comprender cuál es el proceso por el cual un sujeto va quedando entrampado en los engaños de la Modernidad que pretender retóricamente sacarle de dicho engaño, el cual en muchas ocasiones, y como ya hemos señalado, opera en él como un vínculo personal y sentimental. Hay que tratar así de entender cómo las personas llegan a estar tan absorbidas por el engaño moderno y actuar entonces para atajar dicho engaño en la raíz, formando las conciencias para que estas generen anticuerpos contra la subversión moderna, o puedan estar predispuestas a despertar del «hechizo de la Modernidad», pero saber que aquellos que ya han sido totalmente absorbidos por dicho engaño difícilmente van a tener solución...

No debemos así ser sujetos retóricos y discutidores, sino ser sujetos persuadidos que hacemos más por cultivarnos y trabajarnos a nosotros mismos, dar ejemplo, y desde ahí encontrarnos con nuestros iguales, que por discutir sin tregua con quien solo ya desde sí mismo y posiblemente tras una grave crisis existencial, podría salir de la plantilla ideológica moderna.

El trabajo así de «apostolado» tiene más que ver hoy día ya con preparar el terreno para las generaciones que están llegando o están por llegar, que con enredarse en debates espurios con quien es imposible desde fuera que pueda cambiar. El trabajo así es más a futuro, sembrando para el futuro, que a tiempo presente convencer a quienes han sido ya enredados en la trama moderna...

No tengamos reparo así en escuchar atentamente a nuestros antagonistas, incluso anotemos aquello de acertado que puedan señalar, pero sobre todo estemos atentos a discernir el origen de su desviación, como muchas veces es una cuestión subjetiva y sentimental e incluso biográfica, y como es que desde ahí han llegado a un nivel de subordinación total a la Modernidad. Aprendiendo de dicha deriva para a futuro y para quienes están por llegar, como nos debemos preparar y formar para que eso no pueda ocurrir con tanta facilidad y las generaciones futuras puedan llegar armadas espiritualmente a la edad madura contra los engaños de la Modernidad...

*

En este orden de cosas, no solo las personas que te rodean, sino también los propios camaradas, que no son ya tus amigos de toda la vida, ni tu familia, ni tu pareja, ni tus compañeros de trabajo, sino que son esas personas que independientemente de que tengas con ellos más o menos amistad, o más o menos relación, están contigo en la misma trinchera... Aquí la figura del camarada, con el que tienes lazos obligados de lealtad y, sin embargo, puede ser que no compartáis amistad estrecha y quizás ni siquiera simpatía personal, sería el escenario idóneo para cultivar el espíritu de *Männerbünde*, de «fratria guerrera». Para hacer comunidad de combate, comunidad de lucha y de fortalecimiento. De formación, organización, entrenamiento, estudio y acción. Los camaradas como lugar idóneo para cultivar el orgullo de estar juntos en una misma línea y trinchera, de ayudarse los unos a los otros de acuerdo a dicha conciencia, y desde ahí cada uno saber que está en la batalla individual que le corresponde y, a su vez, en la batalla colectiva a la que todos de un modo u otro hemos llegado.

De este modo, si la idea de hacer comunidad es clave en el orden tradicional, y frente al individualismo/colectivismo moderno y sus sociedades atomizadas/masificadas, oponer el espíritu de comunidad orgánica es fundamental, para el caso concreto de los camaradas será especialmente valioso, pues nos apuntaría no ya a la mera comunidad de lazos orgánicos antes señalada, sino al espíritu de fratria guerrera, de la *Männerbünde*. Y ahí la unión en camaradería de trinchera de fuerzas, de talento, de recursos, de apoyo mutuo, de ganas de pelear y contestar a la civilización del nihilismo y la decadencia, y su distopía progresista hacia la necedad y la ofuscación vestida sin embargo de engañosa «emancipación»...

*

Y efectivamente podríamos seguir trayendo a colación numerosos frentes de nuestro tiempo en los que hay que saber bregar, driblar y confrontar: los malos hábitos, el alcohol y las drogas, y el ocio y la diversión como depravación; la dieta, los alimentos sanos, el entrenamiento físico y, a la vez, el culto degradante a la propia imagen y el correspondiente narcisismo; la inmigración masiva, los correspondientes procesos de sustitución demográfica y su relación con el proyecto globalista y la antropología de la deconstrucción; la vida tóxica, precaria, insegura y estrecha de muchas de las grandes ciudades de nuestro tiempo y las zonas rurales, muchas veces medio deshabitadas o dejadas de lado, y el lugar en el que vivimos cuando no podemos elegirlo ni cambiarlo; y el papel de la familia y el significado de formar una familia en los tiempos que corren, pero también el lugar de la soltería, mayormente no elegida y para con sociedades de individuos muchas veces «flotantes» y patológicamente inmaduros... En definitiva, las distintas capas de disfuncionalidad que la Edad Oscura penetra o genera y frente a las cuales el tipo humano de la «Raza del Espíritu» tiene que aprender a discernir y poner pie en pared, «dar la vuelta a la tortilla» y convertir la noche en oportunidad de *Aristeía*. De diferenciación, forja y elevación. De orgullo aristocrático frente a la civilización samsárica del nihilismo moderno, aprovechando incluso como se hace a veces en las artes marciales, la fuerza del enemigo para que vaya en su contra... Y hemos hablado de la economía, el sexo, la política, la tecnología, la sociedad de masas... En un repaso muy breve que no alargaremos más, pero del que esperamos haber destilado unas coordenadas básicas aplicables a las diversas facetas de la vida moderna al modo de principios, orientación y técnicas generales, para «surfear» las olas del Kali Yuga de nuestro tiempo...

En este sentido, la llamada «vía de la mano izquierda» y entendida en sus términos más genéricos y coloquiales, lo que en definitiva nos viene a decir es que debemos hacer todo el esfuerzo que sea necesario para aún en la «medianoche del mundo» aprovechar la oportunidad y convertir la «Tierra Baldía» en aventura para el heroísmo y la restitución del «reino del Grial», y ser así a pesar de todo los mejores...

Los mejores en lo que importa. No en los logros puramente cuantitativos que tanto aprecia la Modernidad, sino en la dimensión cualitativa del alma humana. Los mejores así en todo aquello que no se puede comprar y solo tú mismo y en arduo esfuerzo te puedes dar. Ser los mejores en Consciencia presente y descondicionamiento, en lucidez y sabiduría, en presencia de ánimo y fuerza interior, en serenidad, calma y determinación invencible, en grandeza de alma y hombría de bien, en «Luz y Calor» del Espíritu, en la libertad de los que se conquistan a sí mismos...

Espíritu vs. *Nihilismo*

Estamos en guerra… ese es el punto de partida. Una guerra espiritual y cultural, que debe ser también política, pero *a posteriori* de su comprensión y actualización para dicho ámbito de cosmovisión y sentido teológico y metafísico, e incluso antropológico. Y que siendo así es una guerra que nos obliga a un ejercicio previo de discernimiento, reflexión y comprensión que nos permita trazar una cartografía básica de la situación que tenemos enfrente y localizar ahí dónde estamos, por qué y qué debemos hacer. Cuál es la lucha a la que estamos abocados, qué armas tenemos y cuál debe ser nuestra estrategia y nuestra táctica. En este sentido, lo que aquí vamos a recoger en parte puede ser ya conocido y estar ya en el debate público, y en parte ya venimos mencionándolo a lo largo de este libro, sin embargo, aun siendo así, sí se hace perentoria una labor de síntesis que señale la orientación básica de pensamiento y acción que debemos tener presente.

*

A partir de aquí y como punto de partida, y lo hemos señalado anteriormente en numerosas ocasiones y es la trama misma de este libro: «Tradición vs. Modernidad». Dos términos que sin embargo pueden ser fácilmente estereotipados y mal entendidos y que quizás sea más acertado recoger como «Espíritu vs. Nihilismo»: la civilización del nihilismo como la civilización de la posmodernidad, el globalismo y la deconstrucción. En frente, como contraimagen exacerbada de dicho nihilismo moderno, los «obsesos de Dios» del fanatismo religioso islámico, los «orcos» del salafismo. Y entre unos y otros: nosotros… Que detestamos el estado de decadencia y degeneración de lo que comúnmente llamamos Europa y Occidente y consideramos su horizonte posmoderno una distopía; y que rechazamos a su vez totalmente a dicho fanatismo religioso islámico no reconociéndole derecho ni legitimidad alguna sobre Europa y Occidente...

A partir de aquí y si volvemos a los términos «Tradición y Modernidad» recordar que estos no señalan tanto meros ciclos históricos sucedidos cronológicamente y comprendidos en cuanto a avance de la ciencia y la técnica respecto de la religión, como formas de ser, de pensar y de afrontar la vida, la muerte y el mundo, *forma mentis* que se manifiestan con mayor o menor plenitud a lo largo del discurrir histórico y que trascienden el nivel de desarrollo científico-técnico y la propia plasmación institucional de lo religioso. Siendo a su vez modos de ser que en cuanto al tipo humano y civilización que puedan generar no se suceden nunca el uno al otro de manera absoluta, no se pasa de un ciclo histórico tradicional a un ciclo histórico moderno de manera inmediata, sino que hay un proceso a través del cual acaba desapareciendo el ciclo histórico tradicional y aparece el ciclo histórico moderno.

Por tanto, «Tradición y Modernidad» son ante todo modos de ser y estar del Hombre frente a la vida y el mundo. Modos de ser que para el ciclo tradicional implican a la manera platónica, reflejar e incluso encarnar en esta vida y en este mundo, las formas perennes y arquetípicas del «Reino del Espíritu». Dar plenitud así al horizonte de «trascendencia inmanente» al que nos hemos referido en diversas ocasiones a lo largo de este texto. Siendo por el contrario para el ciclo moderno, la negación de dicho reflejo y encarnación, la negación de dichas formas perennes y de dicho horizonte de «trascendencia inmanente», el argumento de su «emancipación, liberación, y progreso».

Es decir, y de nuevo hablaríamos en términos platónicos, el mundo de la Tradición es ante todo un mundo de formas incondicionadas, supremas y perennes, que se pueden manifestar con mayor o menor plenitud en la realidad condicionada del espacio-tiempo, y de acuerdo al refinamiento espiritual del alma humana. Y el mundo moderno, por el contrario, es un mundo en la realidad condicionada del espacio-tiempo, que vive de espaldas e incluso niega esas formas incondicionadas y perennes de la Tradición, y que vive de espaldas, e incluso niega, dicho refinamiento espiritual del alma humana. Y a eso lo llama «emancipación y progreso»... Evidentemente desde estas coordenadas puede entenderse que hagamos referencia también para hablar de esta cuestión de «Espíritu vs. Nihilismo» y que, incluso haciéndolo así, pueda resultar más gráfico que hablar de «Tradición vs. Modernidad». Del mismo modo desde estas coordenadas se entiende mejor hasta qué punto la cosmovisión tradicional apunta a un ideal de comunidad que no puede sino tener siempre una dimensión de comunidad espiritual. Comunidad cuya ordenación aspira a ser reflejo de un orden cósmico y total que llama a armonizar «las almas de los Hombres con las de los Dioses», y por ende cuidar de la vida humana tanto en cuanto a lo terrenal e inmanente, como en cuanto a lo anagógico y Trascendente.

A partir de aquí la idea es que si los ciclos históricos tradicionales y modernos se suceden entonces de manera paulatina y no inmediata, es mayormente de este modo porque todo ciclo tradicional llevará en su seno a su vez la semilla latente del nihilismo. No existirá así el equilibrio perfecto ni la paz perpetua en el espacio-tiempo. Toda forma, por estable y ordenada que sea, toda vez que se encuentra en el mundo condicionado, será necesariamente impermanente y su destino será siempre en algún momento declinar, siendo posible entonces emerger ahí su forma contraria y antagónica, y prosperar esta hasta incluso imperar. Ahora, esto también significa que aunque se pueda arribar a un tiempo de subversión nihilista y este mismo nihilismo llegar a imperar, la semilla de la «re-volución», del «regreso al origen» y la regeneración, siempre estará presente y nunca desaparecerá. Permanecerá latente a la espera de los hombres y mujeres de la «Raza del Espíritu» para su actualización... Por lo tanto, la posibilidad de cambiar el curso de la historia y el estado de las cosas, por hegemónico que hoy día pueda parecer el nihilismo moderno, siempre está ahí. Y el ciclo del nihilismo moderno no es así ni perpetuo ni fatal, ni escapa a la acción de nuestra disidencia y rebelión. Pues a pesar de lo hondo que pueda ser su efecto de subversión y degeneración, la semilla del espíritu, el linaje y la tradición, nunca desaparece y siempre permanece en estado de potencia a la espera de su actualización. A la espera de la correspondiente «disciplina espiritual», de la correspondiente *Sadhana,* del correspondiente autoconocimiento y enraizamiento, y por ende de la correspondiente «Cruzada» y correspondiente vida «en la línea del frente»...

*

Dicho esto, ese nihilismo que debemos confrontar y que termina por ser el corazón mismo de la Modernidad, emerge en el seno de un ciclo tradicional cuando se produce una caída en la tensión espiritual, tensión que es de suyo el núcleo fundamental de la cosmovisión tradicional. Esta tensión espiritual a su vez no deberemos entenderla como la mera devoción religiosa, ni como la mayor o menor presencia de cultos, celebraciones y prácticas devotas que puedan darse en la vida pública, en la sociedad y entre sus ciudadanos. Todo esto incluso dándose con profusión no supone en realidad una presencia potente de tensión espiritual y a veces incluso puede llegar a confundirla o escamotearla, reduciéndola entonces a una vivencia casi puramente sociológica del fenómeno religioso. La tensión espiritual es así otra cosa...

Con dicho concepto estamos haciendo referencia a la ambición más alta que el ser humano puede llegar a concebir y tener, al derecho y deber más aristocrático que puede llegar a existir. Ambición, vocación y llamada, deber y derecho, que se convierten en el argumento central e irrenunciable de la vida basada en la consecución de la nobleza espiritual. En la consecución de la condición de verdaderos *Aristoi.* Del anhelo de una vida realmente superior e invulnerable: la tensión espiritual de quien aspira a vivir desde lo Incondicionado...

Y para dicha ambición ninguna subversión plebeya pueda siquiera rozar tal derecho y deber, ninguna situación aciaga ni fatalidad puede siquiera rozar tal vocación y llamada, nada puede, en definitiva, doblegar tal aristocracia del Espíritu, salvo ella misma... Solo el olvido de la propia vocación, el olvido de la propia raíz y linaje, del correspondiente derecho y deber de los *Ariya*, ahí donde se juegan su ser o no ser, solo ahí, en la caída de la propia «Raza del Espíritu», se pone fin a la tensión espiritual y se abre la espita a la subversión nihilista. Ya sea en la forma de fanáticos religiosos que harán de la devoción religiosa un integrismo enfermizo, ya sea en forma de un nihilismo posmoderno como el que asola hoy día Occidente.

Al monoteísmo unilateral que encontramos en el Dios del nihilismo religioso, para el que «el mundo está vacío» y el «alma humana está postrada sin remedio», se contrapone así como la otra cara de la moneda, el nihilismo antropocéntrico de la Modernidad. Para el que la humanidad solo puede remitirse a sí misma y a su propia fenomenología, y lo demás es simplemente un universo que lo rodea sin significado ni argumento alguno, y del que se forma parte de manera puramente casual. En realidad, una y otra forma de nihilismo y como ya hemos señalado en este libro, serán fruto mayormente de una similar desviación y caída respecto de esa tensión espiritual hacia lo Incondicionado que es el corazón mismo de la cosmovisión tradicional. El dualismo monoteísta, en su negación así de la posibilidad de hierofanía y *Theosis*, termina por arribar al nihilismo que hoy día ya sea en su forma de integrismo religioso, ya sea en su forma de materialismo moderno, marca nuestra época...

A partir de aquí, «Espíritu y Nihilismo» y por ende «Tradición y Modernidad» no son tanto ciclos históricos concretos, como moldes y categorías suprahistóricas, que se manifiestan con mayor o menor grado de intensidad y plenitud en los ciclos históricos, en las culturas y pueblos, y en las civilizaciones. Siendo que se entra y degenera a un ciclo histórico y cultura nihilista, por el olvido, negación, caída o pérdida, de eso que aquí hemos llamado «tensión espiritual». Del mismo modo que será el reencuentro y actualización de dicha «tensión», lo que será semilla y potencial para un renovado ciclo histórico espiritual y tradicional. El debate así entre «Tradición y Modernidad» no remite así al desarrollo de la ciencia y la técnica, sino a las coordenadas filosóficas y la *forma mentis* antagónica de una y otra: de establecer al «Dios en nosotros como soberano de nuestras almas», que decían los neoplatónicos, al «Dios siempre fuera de nosotros» como soberano absoluto de nuestras almas, que plantea el monoteísmo radical, hasta el «mero nosotros» sin Dios ni soberanía alguna sobre el alma y en puro *demos-kratos* como supuesta emancipación, que plantea la Modernidad... La contra posición «Espíritu vs. Nihilismo» se desvela entonces como la contraposición entre la verdadera libertad, autoconocimiento y gobierno de sí, y la alienación... La alienación de los «obsesos de Dios» y la alienación de los «Hombres sin Dios».

*

La Modernidad en cualquier caso ha terminado por abocar la vida a la dimensión puramente material de la existencia. Dimensión que además en no pocas ocasiones se pretende vivir como mero disfrute de posesión y uso. Se pretenden incluso las mieles del mundo como argumento primero desde el que justificar todo lo demás y justificar la propia existencia, pero efectivamente como nos enseña la tradición española cuando en *La Celestina* leemos el lamento del padre de Melibea, esta dimensión puramente material de la existencia es una «engañosa feria» y «visto el pro y la contra de tus bienandanzas, me pareces un laberinto de errores, un desierto espantable, una morada de fieras, un juego de hombres que andan en corro»... Y es que como no podía ser de otra manera la sabiduría tradicional nos advertía de cuán absurda y engañosa puede resultar la vida de espaldas a toda dimensión de trascendencia y recuerdo de lo efímero e impermanente de todas las cosas: «Un juego de hombres que andan en corro»... Un escenario de alienación y absurdo. Hay así algo como de vender el «alma al diablo» en la pretensión moderna de emancipación respecto de la Tradición y de entrega «liberadora» a la dimensión puramente material de la existencia, pues las mieles del mundo no resultan en última instancia ser tales, y por el contrario pareciera que nos convierten en engranajes de un mecanismo fatal del que parece imposible sustraerse y que nunca se equilibra ni estabiliza. Un mecanismo cuyo argumento es remitirse una y otra vez a sí mismo y sin ningún otro sentido, como una rueda que gira sin cesar, pero no avanza hacia ningún lugar, y en la que la alienación se escamotea mediante esas mismas vanidades materiales mientras los engranajes de la rueda prescinden de ti como realidad espiritual, y simplemente te utilizan, te gastan y en última instancia te desechan... Una vida entonces no vivida realmente, puramente samsárica y «dormida», absorbida en la esfera de «lo necesario» pero ajena a la dimensión de «lo Importante», pero llena de «esclavos felices de su falsa libertad» que muchas veces compensarán la sensación de alienación y carencia que les habita, con formas turbias, obscenas, frenéticas o incluso abiertamente repugnantes de hedonismo...

La lucha así entre «Tradición y Modernidad» es la lucha en realidad entre «Espíritu y Nihilismo» y es una lucha muy profunda, porque es la lucha entre la libertad y la esclavitud. Y solo es libre entonces el Hombre de la Tradición, los hombres y mujeres de «la Raza del Espíritu». La libertad que es fruto de la tensión espiritual hacia lo Incondicionado... En este sentido es la comprensión errónea o limitada de la condición humana la que siembra la semilla del nihilismo, sea cual sea el ciclo tradicional, comprensión errónea que hace de eso que el exoterismo cristiano llamó «pecado original», y la tradición sapiencial llamó de Oriente a Occidente *Avidya* y *Agnoia*, una lesión o carencia espiritual insuperable supeditada en última instancia a la voluntad divina e inasequible en cualquier caso al mérito humano. Y ahí el origen del nihilismo en todas sus diversas y a veces contradictorias y engañosas formas, y a su vez en la afirmación irrevocable e irreductible en la consecución de dicho mérito espiritual, el origen de toda verdadera *Areté*, de toda *Aristeía*, el antídoto radical frente a todo nihilismo...

Es así el anhelo por lo Incondicionado en nosotros lo que forja a la «Raza del Espíritu» y destruye toda posible caída o regresión nihilista, sea cual sea la forma que esta pudiera adoptar. Y es desde ese anhelo que se conquista la libertad e invulnerabilidad de lo Inmortal, se redescubre con maravilla el mundo como hierofanía, y se lucha en «Cruzada» inevitable contra el «mundo moderno», y contra los «obsesos de Dios»...

*

La contraposición «Espíritu vs. Nihilismo» debe recordarnos así que no estamos capados. Que no estamos emasculados frente a la dimensión de la Trascendencia. Que no somos capones respecto de lo Incondicionado. Que en dicho recuerdo nos jugamos el ser o no ser y el sentido superior de nuestras vidas, así como el sentido superior de nuestras comunidades, de nuestro encuentro con los demás y con el mundo. El sentido más central y vertical del alma humana, pero también de la *Polis* en la que necesariamente vivimos los humanos. Sabiendo que allá donde se afirme que nuestro anhelo no es posible o que refiere directamente a lo inexistente, nos están tratando como capones, como impotentes, y además nos están hablando desde la ignorancia espiritual... Desde el fracaso y la renuncia frente a la más alta ambición y posibilidad. Desde la negación, olvido o desconocimiento de la enseñanza más central de la cosmovisión tradicional, que a su vez no es sino la ecuación más íntima del alma humana. Nos están hablando en definitiva desde una infrahumanidad regresiva y nihilista que desanduvo el camino indicado por Apolo en Delfos: «Conócete a ti mismo y conocerás a los dioses y al universo»...

*

A partir de aquí y como ya hemos señalado en diversas ocasiones en este texto, estamos ya transitando la «medianoche del mundo», nuestro tiempo no es sino el corazón del Kali Yuga y quedan todavía largas horas de oscuridad... Y siendo así es fundamental tomar conciencia clara del cariz regresivo y ofuscado de nuestra época, del antídoto y Némesis que debemos encarnar frente a ella y a partir de esa «tensión espiritual» que venimos aquí señalando, y de las enseñanzas espirituales del pasado en lo que tengan de perennes y libres de su mero contexto histórico. Enseñanzas que entonces deben ser recuperadas, actualizadas e implementadas. Y todo ello, estos tres niveles o pasos, desde un paso previo y fundamental: la conciencia firme y persuadida de que los hombres y mujeres de la «Raza del Espíritu» son la semilla de la Tradición...

Que si todo ciclo histórico lleva en su seno su propia antítesis y si en los ciclos históricos tradicionales había una semilla de modernidad, también en los ciclos históricos modernos habrá una semilla de Tradición. Y nosotros somos esa semilla... Y esa en gran medida debe ser la clave y argumento de nuestra vida.

Y esa semilla se riega y cultiva con *Sadhana*, con *Áskesis*, con «disciplina integral». Con *Arya Dharma* como comentaremos más detalladamente en el siguiente capítulo. Con el camino del «Guerrero Espiritual». El cual a su vez es camino de estudio y contemplación de las grandes enseñanzas espirituales del pasado, de los ciclos tradicionales de antaño que tanto están presentes en este mismo texto. Desde el ancestral *Sanatana Dharma* a la sabiduría de la Grecia Clásica, pasando por el estoicismo romano, el mito heroico y el pensamiento mágico del mundo celto-germano, los grandes ciclos legendarios del medievo gibelino y la literatura griálica, o el cristianismo español de la Reconquista, el Imperio y el Siglo de Oro.

Y todo ello además debe hacerse a sabiendas de que la noche es ya avanzada y los anclajes con dicho pasado, por inspirador que pueda ser este, han quedado ya rotos. Y como hemos indicado en varias ocasiones, estamos ya «a la intemperie», estamos ya en la «Tierra Baldía», y no queda sino hacer de la «noche, oportunidad», del «veneno, elixir», y «Cabalgar el Tigre» del Kali Yuga... Recuperando aquí las viejas enseñanzas de la magia guerrera de las *Männerbünde*, de la licantropía guerrera de las fratrias armadas del mundo ibérico, céltico y germánico. Todo su mundo simbólico de noche, fuego, luna, serpientes y lobos, en el que esa misma dimensión nocturna de la realidad se convierte en ocasión de especial forja interior y «despertar». Ocasión propicia para que caiga de nosotros toda la vestidura moderna de anhelos de *prosperity* y «vida burguesita», y nos despierte entonces en el alma un orgullo primordial y una actitud y fuerza muy distintos... Hemos escrito sobre ello en libros anteriores[8], el símbolo del «guerrero lobo» y la noche, en la antigua Iberia, en el

---

8 *El poder del Mito*. «Convertirse en Hombre Lobo», págs.: 177-187. Editorial Almuzara. Colección Ensayo Berenice. Segunda Edición 2023.

mundo celta y en las antiguas sagas vikingas. La «vía de la mano izquierda» en torno al simbolismo de la fiera nocturna que sin embargo hacemos nuestra y la convertimos en el ropaje de nuestra alma… haciéndonos invulnerables frente a toda la pequeñez de anhelos, temores y apegos de la «vida cotidiana y prosaica», y otorgándonos la mirada lobuna de quien ya nunca podrá pertenecer al rebaño ni ser perro pastor…

Ciertamente con todos estos elementos que venimos señalando respecto de la contraposición «Espíritu vs. Nihilismo» queda claro y se remarca cuál es el argumento y la vía al que nos adherimos y seguimos. Aquello a lo que estamos llamados a dedicarnos sea cual sea en realidad nuestra ocupación. Y al modo de esas leyendas del medievo gibelino a las que ya hemos referido en diversas ocasiones, diremos que es a «la forja de la espada» y a preparar «el retorno del Rey», a lo que nos dedicamos. Dedicación que efectivamente comienza dentro de nosotros mismos…

Y todavía no está listo el tiempo. Todavía estamos en esas largas horas de la noche. Pero no hay impaciencia ni desespero. Esa dedicación es un Destino. No una mera posibilidad o elección. Es nuestro ser o no ser. No nos dedicamos a otra cosa. Y no hay así ni desaliento ni fatiga. Hemos hecho «el juramento», y «lo que debe ser hecho, debe ser hecho»…

*

Dicho todo lo anterior y con un sentido quizás más práctico y de aplicación inmediata, recogemos seguidamente algunas cosas a contemplar, a tener muy presentes en la cabeza y el corazón, como claves fundamentales para el andar el camino…

—En primer lugar: no olvidar el inmenso potencial espiritual de nosotros mismos y de nuestras propias vidas personales y particulares. El tipo humano diferenciado al que nos dirigimos en este libro, aquel al que la mera mundanidad se le queda estrecha y el materialismo ramplón de la Modernidad le parece una necedad, debe recordar, tener presente y contemplar todos los días, a su propia persona y a su propia vida, de acuerdo al inmenso potencial espiritual que atesora. El Hombre de la «Raza del Espíritu» tiene en sí mismo y su propia existencia, con todos sus condicionamientos y circunstancias, en la misma persona que es y en todo lo que le rodea y en lo que desenvuelve su vida, un potencial espiritual inmenso que nunca deja de estar presente y siempre es posibilidad primera. No está nunca limitado por desalentadora que pueda ser su situación concreta. Siempre tenemos a nuestra disposición los materiales, el «utillaje», para crecer en dicho ámbito de conciencia y presencia, de aseidad y fortaleza, de invulnerabilidad y libertad interior, de descondicionamiento y centralidad y verticalidad. Están ya en ti mismo y en tu propia vida. Todo el rato. Nunca te falta material para trabajar. Tú mismo eres ese material... Y así el argumento primero, el «ser o no ser», allá donde realmente te justificas y vives de verdad y en profundidad, nunca se pierde y siempre está presente. Nunca deja de operar y convierte todo momento y toda circunstancia, feliz o problemática, en una renovada oportunidad de crecimiento y fuerza en el alma, de «luz y afirmación», de posibilidad de descondicionamiento. De *Áskesis*, *Areté*, y *Agathon*. De seguir y siempre estar en ocasión de avanzar en lo Importante...

—En segundo lugar: más allá de todas las profanaciones y estragos que el despliegue del nihilismo ha desarrollado, y más allá incluso de la decrepitud y ruina inevitable a la que todas las cosas están abocadas, también las más hermosas, solemnes y hondas del pasado, hay que tener presente que el inmenso potencial sapiencial de la Tradición sigue presente. En infinitas obras, lugares, biografías, autores, enseñanzas, leyendas, mitos, folclores, músicas, arte, textos... Que incluso los propios parajes y escenarios naturales son también manifestación, para el ojo atento y el alma despierta, de las enseñanzas espirituales de la Tradición. Y que no solo tu propia persona y tu propia existencia tienen un inmenso potencial espiritual, es que además las enseñanzas de la Tradición nunca dejan de estar a nuestro alcance con todo su ingente potencial sapiencial. Y que incluso en los parajes naturales que nos rodean, dicho potencial no deja de manifestarse. No solo así nosotros mismos, nuestra propia persona y vida, somos una redoma en la que generar la trasmutación alquímica del oro filosofal, sino que, además, las enseñanzas de la cosmovisión tradicional que como maestro nos guían en la consecución de dicho fin, no dejamos de tenerlas a nuestro alcance. Están a nuestra disposición para guiarnos en el camino. Y el tesoro así de la enseñanza tradicional en gran medida no se ha perdido y puede todavía ser reencontrado...

—En tercer lugar: España es hoy día un país enfermo... cierto es que es así. Forma efectivamente parte del primer mundo y ha logrado unos estándares de desarrollo encomiables. Pero está enfermo en el alma... Lo hemos desarrollado con profusión en nuestro libro *Hispanofilia. España frente a su destino* y no entraremos aquí en ello, si bien su enfermedad aun con particularidades propias, no es muy diferente de la enfermedad general que padece Occidente. Pero dicho esto, de nuevo más allá de todas las decadencias y degeneraciones que padecemos, la historia de España, su tradición, sus regiones y sus parajes, siguen siendo un tesoro inmenso en el que encontrar infinitas perlas de riqueza, de enseñanza, de grandeza espiritual. España sigue siendo un tesoro aún a pesar de todo. Una tierra que fue adalid de la cosmovisión tradicional, que hizo de ella la columna vertebral de su singladura histórica hasta hace apenas poco más de un siglo, y que a pesar del desarraigo y confusión que la asola, sigue atesorando un potencial espiritual inmenso. Pendiente de ser reencontrado y actualizado en primer lugar por los propios españoles. Que no son sino actores y a la vez víctimas principales de dicho desarraigo, descuido, olvido, autodesprecio y fealdad de alma, que tanto han lesionado a España en sus paisajes, pueblos, tradiciones, identidad, conocimiento de sí, y convivencia y gentes. Y que nosotros reivindicamos entonces como palanca fundamental de despertar espiritual y de llamada a la «Restauración», a la *Restauratio Hispaniae*, a la contra de tanto desarraigo, olvido, confusión, nihilismo y subordinación...

—En cuarto lugar: por otra parte, los arquetipos del mundo de la tradición siguen presentes y su capacidad para conectar y despertar en el alma humana nunca se pierde ni se agota, en todo caso se puede dificultar su presencia, pero toda vez esta se manifiesta, su poder sigue estando ahí: los arquetipos del sabio, del vate, del rey, del guerrero, del santo, del héroe, de la dama, del reino perdido, de la espada rota, del bosque oscuro, del laberinto, de la princesa, del descenso *ad inferos*, de la prueba iniciática, del reino santo y el salón de los héroes, de la montaña y la cueva, de la fuente sagrada y el árbol «en el centro del Mundo»... todo ello son imágenes paradigmáticas del mundo de la Tradición que no responden a una mera creación de la fantasía humana, sino a categorías propias «del Espíritu», en el alma humana. Categorías que no pueden desaparecer y en todo caso se pueden olvidar o tratar de tapar y confundir, pero cuya verdad espiritual es perenne y universal y pese a todo es siempre presente. En este sentido esas imágenes provenientes de la cosmovisión tradicional siguen estando ahí, siguen estando a nuestra disposición para poder beber de ellas, nutrirnos espiritualmente de ellas y hacerlas nuestras. Moviendo el ánimo a una comprensión más profunda y arquetípica de la propia vida y de nuestro papel en el Mundo. Renovando ahí sentidos y significados, personales y colectivos, y también del tiempo y época que debamos vivir. Siendo así todo ello otra clave más en el camino a recorrer y en la prueba a superar en el *Interregno* y «Sede Vacante» que hoy día transitamos, y conforme a ese horizonte que nos orienta y que en otros capítulos hemos referido como: «conquista interior», anagógica y liberadora; la vida misma y su realidad, como potencial de hierofanía y Teúrgia; y nuestro tiempo de nihilismo y degeneración, como llamada irrevocable a la «Cruzada» y la *kulturkampf* contra la Modernidad y el islamismo...

—Finalmente, en quinto lugar: No dejar de saber pasar y como ya hemos dicho en varias ocasiones «de las musas al teatro» y diferenciando y anteponiendo siempre «lo Importante» a todas las cosas, no dejar de entender y trabajar el cultivo de «lo necesario». Sabiendo ver entonces la riqueza material como una suerte de energía que circula conforme a sus propias dinámicas, inercias, y ecosistemas, que circula en nuestro entorno y de la que nosotros mismos indefectiblemente participamos de una manera u otra, y con la que debemos saber sintonizar, armonizarnos y ponerla de nuestro lado, para después no simplemente asegurar o engordar vulgarmente «nuestro feudo», sino para proyectarla sobre el mundo y hacer cosas...

Cuando la riqueza y el dinero los ves como una energía increíblemente dúctil, móvil, y fértil y no como un fin en sí mismo, se convierten en una fuerza poderosísima llamada a proyectarse sobre el mundo más allá de la satisfacción de nuestra diminuta individualidad y producir efectos, no solo en la mera reproducción y aumento de su masa (que también), sino sobre todo en el ámbito de la transformación de las personas y de las cosas. Combustible así para trabajar en la elevación e inspiración de las almas, en el ensanchamiento del conocimiento y la penetración de la sabiduría en el corazón de los Hombres, para el aseguramiento y fortalecimiento de la comunidad y de la patria, para el incentivo de la cultura y hábito de la verdad, la fuerza, el coraje y la salud; y de la familia y el linaje. Y para asfixiar y agotar la desviación, el error, la insania, la decadencia y la degeneración...

La riqueza y el dinero como energía nos permite relacionarnos con ellos con mayor comprensión, serenidad y lucidez, con mayor provecho y sobre todo altura de miras.

*

En definitiva, estamos en guerra, una guerra que convoca y llama a los hombres y mujeres de la «Raza del Espíritu» y en la que tenemos que tener presente que la vía del «Guerrero Espiritual», de eso que hemos llamado también la «Nueva Milicia», es una vía que en virtud de esa «salud suprema e inmortal» que intuimos y casi tocamos con los dedos en el silencio y calma profunda de la contemplación, que notamos querer despertar en nosotros como la fuerza invulnerable de «lo Incondicionado», nos conduce a poder decir siempre y en toda circunstancia, y aun cuando todo nuestro propio soporte material se derrumbara: «Yo soy mi fuerza, yo soy mi fortaleza»... Fuerza y fortaleza que no vienen entonces «de fuera», de nada que pueda ser medido o pesado, de nada que pueda ser tocado por el tiempo y ubicado en el espacio, de nada de este mundo samsárico y fugaz, pero tampoco de nada ajeno, diferente y distante «a nuestro Centro» y que desde fuera y unilateralmente «nos salva»...

«Mónada Invicta», «*Atman* autoluminoso», «Centro y Consciencia» supraindividual, espacio interior «liberado» y «desafectado», espacio de *Areté* y *Agathon* fruto de rigurosa *Áskesis*. La cosmovisión tradicional en su sentido eminente... Es desde ahí que el «Guerrero Espiritual» y en ese espacio anagógico y vertical de entrenamiento del alma puede decir «yo soy mi fuerza, yo soy mi fortaleza», y hacer de ello el argumento principal de su vida... Y esa es quizás la decisión más radical e importante que podemos tomar como hombres y mujeres de la «Raza del Espíritu»: vivir desde «el Centro y la Causa» y no desde la periferia y el efecto. Dar ese paso así de afirmación vertical y supraindividual y por ende de conocimiento profundo de nosotros mismos, que se proyecta a su vez necesariamente hacia fuera, en nuestra manera de relacionarnos con la vida y el mundo. Ahora ya no como sujetos pasivos y afectados sobre los que superponen fatalmente los procesos de esa vida y ese mundo, sino como sujetos activos y liberados, diferenciados y descondicionados, capaces de ver las cosas tal como son: el universo entero incluido en primer lugar nuestra mera egoidad, como un flujo constante de fenómenos condicionados, impermanentes, transitorios y faltos de esencia propia... Y entonces sí, más allá «del barro» de la ignorancia espiritual, del «lodazal» de los correspondientes temores y apegos, de la correspondiente confusión y alienación y hundimiento en la «charca de *Maya*», más allá de todo ello: el «diamante y el rayo»... «Yo soy mi fuerza, yo soy mi fortaleza». Permanezco presente, puro e impasible, activo y libre, más allá de toda fatalidad y toda alienación, frente a mí mismo, y frente a todas las cosas...

Y porque vivimos entonces consagrados, porque estamos entonces en la disciplina del ascenso a las nieves perpetuas, el blanco inmutable y el hielo azul. Porque estamos en la disciplina de unirnos a la «llama imperecedera» y el «sol eterno», la «luz y calor» que ni cesan ni se apartan. Porque no nos dirigimos ni buscamos nada así que sea ajeno a nosotros mismos, sino que avanzamos hacia algo que está adentro de nosotros mismos y es lo que realmente somos, más allá de «nosotros mismos»... Porque en definitiva somos «los *Ariya* en el pico del buitre», esa misma vertical anagógica que ascendemos, nos proyecta a su vez hacia fuera con una renovada mirada, una penetración ahora horizontal que prende el mundo con renovada llama espiritual, y lo ve ahora no como ilusión y engaño, sino como potencia... Como posibilidad. Como «utillaje» del guerrero en su empresa espiritual y escenario llamado tanto a «espiritualizar la materia», de abajo arriba; como a «materializar el espíritu», de arriba abajo. Haciendo así manifiesta la «trascendencia inmanente», siendo así milicianos del «venga a nosotros tu Reino»: *Adveniat regnum tuum*...

*

A partir de aquí, los hombres y mujeres de la «Raza del Espíritu», con serenidad, confianza y determinación, con la calma y convencimiento de quien sabe quién es y sabe cuál es su fuerza, pueden decir, aun a pesar de la «medianoche del mundo»: Pasaremos... Pasaremos a través del nihilismo. Pasaremos a través de su reino de oscuridad. Pasaremos a través de las filas enemigas. Pasaremos a través de nuestros propios miedos y nuestras propias debilidades. Pasaremos a través de las puertas del infierno. Pasaremos... Y nos reiremos del diablo en su trono de mentiras, y pasaremos el último muro de la noche, y seremos el anuncio y la vanguardia de un nuevo amanecer. Porque podemos decir con la voz de la Tradición Eterna, con la voz del Espíritu, «yo soy mi fuerza, yo soy mi fortaleza», pasaremos. Y porque pasaremos, somos el anuncio y la vanguardia del nuevo tiempo...

Arya Dharma:
Disciplina integral o vida desperdiciada

De la «Raza del Espíritu» son aquellos hombres y mujeres que han aceptado una clase particular de manera de ser y camino de vida. De práctica interna y externa orientada tanto a la forja interior como a la acción en el mundo, conforme a un ideal de «señorío y nobleza», de *Aristeía*, de «arianidad» del alma. De superior libertad y gobierno de sí, más allá de todo lo que nos aliena, ofusca, apega, envilece, degrada, ansía, desanima, atemoriza o adormece… Más allá de toda mera individualidad puramente caduca, existencial, y biográfica.

Manera de ser y camino de vida en el que el horizonte del avance hacia nuestra esencia más profunda, puesto en relación con el acontecer de la vida misma, de nuestra misma existencia contingente y terrena, nos va otorgando día a día, contingencia a contingencia, la oportunidad de mayores niveles de descondicionamiento, de profundidad, de conocimiento de nosotros mismos, de estados de Consciencia y de presencia, de libertad y gobierno interior, de centralidad, altura, distancia, sabiduría y fuerza… De poder de liberación respecto a nuestra propia afectación y debilidad. Respecto de nuestra mera egoidad y sus temores, apegos, miserias, carencias, ansias y vanidades. Elevando el alma a los estadios de conquista interior. De conquista de nosotros mismos y comunión con lo Incondicionado. De conforme a las enseñanzas de la cosmovisión tradicional, dejar atrás la ignorancia espiritual y reenraizándonos en los Cielos, dar frutos de valor perenne en la Tierra…

*

Esta manera de ser y camino de vida, obliga a una ardua disciplina. Una *Áskesis* que genera un estilo propio diferenciado de los modos modernos de ser y estar, y que ya en su primera instancia orienta nuestra acción en el mundo, de acuerdo a un ideal irrenunciable de sabiduría y honor... De meditación, oración y estudio. De entrenamiento, coraje, combatividad, determinación, nobleza, caballerosidad, presencia de ánimo y corazón resuelto. De lucidez, inteligencia, discernimiento, cordura, claridad de palabra y pensamiento, humildad, justicia, grandeza de alma y alegría... De saber ver, entender y actuar. De saber ser y saber estar en un ideal combinado que aúna las figuras paradigmáticas del «Druida» y del «Guerrero». Del sabio y del héroe. Siendo todo lo que nos conduce a encarnar dicho ideal, el camino de la «Raza del Espíritu», el *Arya Dharma* de la Tradición Sapiencial.

Aquel que «forje su alma y emprenda su vida» conforme a esta antigua enseñanza, en su propia persona y en su accionar en el Mundo, ese es el que está en el «buen camino», en la «recta senda». Ese es el que puede llegar a ser quien está llamado a ser y puede más allá de las contingencias y miserias de la vida, ayudar a los demás a alcanzar un mismo ideal de plenitud.

Y de poco más va la vida... para quien sabe de verdad que está vivo...

Pues sabiduría en última instancia es el conocimiento y elección de lo mejor, de lo más noble, de lo que más nos hace crecer y eleva, de lo que más nos despierta y fortalece, de lo más verdadero e imperecedero...

Y honor es determinación, lealtad, coraje, paso al frente y ánimo irreductible en cumplir de manera irrenunciable con el camino que la sabiduría señala... Una y otra vez. Más allá de todas nuestras debilidades y zozobras. Una y otra vez... No cejando jamás.

Sabiendo que quienquiera que haga esa elección y siga ese camino, quienquiera que anhele subir de nivel en nivel por la ardua vía de la «Raza del Espíritu», para ascender a «las Cumbres» sin temer a nada, sin desalentarse ante nada, sin amilanarse por la inmensidad ni por la altura, aun cuando parezca que pudiéramos dejarnos allá la vida, en el ascenso y en sus soledades, ese es el Hombre descondicionado y diferenciado. Ese es el Hombre sabio, fuerte y libre. Esos son los *Ariya*... Paladines de «los cielos en la tierra», héroes y sabios que «derrotan al dragón y liberan el reino». Solo ellos son hombres y mujeres plenos, completos, enteros, íntegros, despiertos, sanados y liberados. Libres del barrizal y el cieno de la ofuscación, la ignorancia y la carencia...

En este sentido, de manera intrínseca y en su significado más profundo, *Arya Dharma* señala una vía de esfuerzo, disciplina, superación, lucha y, sobre todo, de victoria, frente a todo lo que desde dentro y desde fuera de nosotros, se opone al avance del Espíritu en nuestra alma...

*

Estamos hablando aquí con palabras del maestro Sri Aurobindo, palabras que insisten en señalar que la «autoconquista» es así la primera ley de los *Ariya* y la llamada que va inserta en el centro de su corazón... No consintiendo en dejarse con indolencia en brazos sin rumbo de la inercia, la rutina muerta, la torpeza, la pereza, la desidia, lo ordinario y lo banal. Ni tampoco en manos de la agitación, de la voracidad, de lo febril, de lo insomne, del ansia, del miedo... «El Hombre de la Raza del Espíritu» no consiente así las cadenas y busca siempre en todo la Verdad, en todo lo Correcto, en todo lo más Alto y lo más Libre.

La «autoperfección» es así el objetivo de su «autoconquista», y, por tanto aquello que se conquista, ni se destruye ni se escla viza, sino que se realza, se ennoblece y se consuma en su más alta posibilidad. Tomando entonces la propia vida, el propio cuerpo y la propia mente, como algo que nos han sido dados, para alcanzar algo más elevado... Pero también que ese algo más elevado, no es ajeno al mundo, sino que es «aquí y ahora», en el centro mismo de nosotros mismos...

Los hombres y mujeres de la «Raza del Espíritu» se desbordarán desde aquí sobre el Mundo, sobre «la horizontal» de la vida y el mundo, desde esa dimensión y «disciplina vertical» que desde dentro los forja, eleva y arma. En una vida entonces que no puede ser hecha sino de misión, cruzada, compromiso, proyección, tarea y empresa... También, y consecuentemente, de encuentro, amistad, camaradería, comunidad, hermanamiento, amor, alegría, lucha compartida y apoyo mutuo... No ahorrándose ningún esfuerzo mental o físico, tanto sea para buscar lo más elevado como sea para servirlo. No evitando ninguna dificultad ni dejándose vencer por ninguna fatiga. Luchando siempre por la venida del «Reino» dentro de sí y en el Mundo. Sin esperar nada a cambio ni considerar siquiera llegar a verlo. Simplemente porque esa es la ley primera de los *Ariya* y en ella se renueva la plenitud y libertad perdidas, se recupera el significado olvidado, se dejan atrás la debilidad y el miedo, y se llena la vida más allá de todas sus miserias, de la «Luz y Calor» del Espíritu...

*

La enseñanza de la Tradición Sapiencial señalará así a nuestra propia persona y a nuestra propia vida, como un escenario de lucha y combate por encarnar dicha «Luz y Calor» del reino del Espíritu. Lucha que nos conducirá a la vía y disciplina de quien se descondiciona y libera de su propia ignorancia espiritual e inconsciencia de sí, y es capaz de afirmarse en su ser más íntimo frente a todo «el ruido» del mundo, la vida y la mente. Manteniéndose interiormente invencible, superior e invulnerable. Libre de todo temor, de toda estupidez, de toda ignominia, de toda esclavitud...

Persuadidos, entregados, disciplinados, valientes y despreocupados, sin más horizonte ni camino que la «Luz del Norte» del *Arya Dharma*... Así se enamora irremediablemente el «Eterno Femenino» del «Guerrero Espiritual». Así se enamora y nos quiere la «Diosa Blanca», con grandeza de alma y ligeros de corazón... Hechos de pureza, autenticidad y épica.

La pureza de quien libera su actuar de todo interés particular y solo busca en la acción la expresión liberada de la «Luz y el Calor» del Espíritu.

La autenticidad de quien sabe que el camino es arduo y sin complejos ni dramas, sabe que tiene todavía debilidades y miedos, cicatrices y cargas, que tiene todavía que purgar. Y que todo el mundo también las tiene y que eso hace parte de la vida, pero que no pasa nada, porque se está en marcha y en el camino nos podemos encontrar y ayudar. Porque la conquista de uno mismo se gana día a día y ese es el argumento primero de la vida y al que nos hemos entregado con determinación, disciplina, y alegría.

Y épica... la épica de dar lo mejor de sí mismos y afrontar el camino con ánimo combativo y valor sin tacha. Dispuestos a sobreponernos a todo... A vencer al final a todo aunque caigamos cientos de veces. Porque no nos rendiremos jamás. Porque nos afirmaremos en la Verdad frente a toda estupidez u ofuscación que nos pueda alienar o encadenar, y lo haremos una y otra vez, una y otra vez, una y otra vez... Sin claudicar jamás. Convirtiendo toda ocasión en oportunidad de elevación, crecimiento y afirmación. En «masa» para la «levadura» de nuestro Espíritu que hará de la vida entera, en todas sus posibilidades, bienaventuradas o malhadadas, ocasión de «Luz y Calor» dentro de nosotros mismos y sobre el Mundo...

*

Todo ello en un tiempo que ha arribado al «Reino del Nihilismo» y que no es sino desierto, insania, ruido y ruinas. Pero que no nos amedrentará o dejará inermes, pues haciendo de la necesidad virtud y del «veneno elixir», «cabalgaremos el Tigre del Fin del Mundo» convirtiendo la «Noche» en oportunidad y el «Reino del Nihilismo», en escenario de un renovado «despertar»...

Y esta «forja interior» en nuestras almas será la simiente y origen de «la espada» que cortará el nudo gordiano del Kali Yuga... De la acción en el mundo que es verdaderamente transformadora, pues está enraizada en la Verdad con mayúsculas, y es así la «política» más honda, ambiciosa y, a su vez, realista, que se pueda contemplar. La única que ciertamente, puede «cambiar el Mundo»...

Pero esta «revolución y restauración» empieza ahora, en nosotros mismos, que debemos convertirnos en el «Guerrero Espiritual». En nosotros mismos y en nuestras vidas. En todo lo que hagamos. En nuestra vida personal y en nuestra vida pública o profesional. Hacia dentro y hacia fuera. Encarnándolo y a su vez proyectándolo, dando testimonio y «haciendo apostolado», en un propósito de vida que supera con creces las medianías y mediocridades de toda aspiración prosaica y ramplona de vida «burguesita» y estilo posmoderno.

Debemos así asumirlo con ferocidad, como lobos, aullando a la Luna en la medianoche del mundo. Sin pertenecer al rebaño ni a los perros con collar. Ferocísimos en nuestra determinación, nuestra disciplina, nuestra soledad y nuestra camaradería y manada. El camino y vía de la «Raza del Espíritu» siempre fue este... Con distintas formas, nombres, lugares y épocas. Expresado de diferentes maneras a lo largo de los siglos, pero siempre en la misma dirección. Siempre conforme a la «Luz del Norte» y la «disciplina integral». También hoy, en la Medianoche del Mundo. Y recorrerlo es lo único que importa. Lo demás puede ser necesario, pero no es lo Importante. Y vivir sin consagrarnos a lo Importante es desperdiciar nuestras vidas. Es arruinar nuestro destino y oportunidad...

*

Efectivamente entonces... Nihilismo y consecuente degeneración, y a partir de ahí, ¿cómo encarnar al Hombre en pie de la «Raza del Espíritu» frente a la postración espiritual del «último Hombre»?... Siendo obviamente el último Hombre, el Hombre de nuestro tiempo, y siendo último no por una cuestión cronológica, sino porque es el Hombre del nihilismo, es el tipo humano paria, de la carencia, la inquietud, la falta del Centro y, por ende, el tipo humano de la correspondiente posmodernidad, deconstrucción y globalismo. Y en parte y además en nuestro país, de la corrupción ideológica de la anti-España...

Y siendo así, la labor fundamental entonces para revertir la situación pasa necesariamente por una labor espiritual de forja hasta la encarnación total, de la antítesis de ese último hombre, de ese «paria del alma»... Trabajarnos y disciplinarnos para ser lo más antitéticos posible al tipo humano del nihilismo moderno. Y hacerlo de acuerdo a las enseñanzas de aquello que está en las antípodas de dicha Modernidad nihilista y espiritualmente patógena, hacerlo de acuerdo a como me enseño mi maestro, el perennialista Antonio Medrano, conforme a las enseñanzas de la Tradición Sapiencial...

Enseñanzas que son las únicas que confrontan hasta las raíces al nihilismo moderno en todas sus formas y variantes. Desenmascarando su error y su mal, y el cariz espiritual de dicho error y dicho mal, subrayando ahí que ni el error ni el mal tienen derechos, y ofreciendo entonces una vía alternativa. Una vía que pasa por un trabajo interior de transformación del alma, un trabajo de palingénesis regeneradora, que no es sino el argumento primero del «Guerrero Espiritual», así como la superación radical del marco vital y la *forma mentis* de la poshumanidad.

Frente al sujeto samsárico del nihilismo moderno, sin Centro, sin Vertical, sin eje ni espacio interior y anagógico de aseidad, atrapado en el mero correr horizontal de su mera individualidad fenoménica, y absorbido en la *Dukkha* de la dimensión puramente samsárica de la existencia, forjar su antítesis en el ánimo lúcido, sereno, despierto, calmo e impasible, persuadido, irreductible, y en marcha, de Consciencia plena y presente, de los *Ariya*...

Forja que no se consigue sin entrenamiento, sin ascesis, sin disciplina. Que no te toca en un golpe de suerte providencial, ni se hereda directamente y del todo y a una como quien hereda un coche, que tampoco naces en ese estado del alma y sin más lo adquieres al prorrumpir en esta vida, y que en definitiva solo te lo puedes propiciar a ti mismo y construir dentro de ti, a través de la disciplina. A través de la *Sadhana*. Con el mundo y la vida misma en tu entorno como Áshram y *Gurú*, y haciendo de todas las cosas que podamos vivir, utillaje y adiestramiento para el correspondiente trabajo espiritual. Pues no hay camino para salir del tipo humano samsárico de la poshumanidad, sin someterte a ti mismo a una ardua disciplina de transformación interna. Y nada ni nadie te puede sustituir o ahorrar dicha disciplina, transformación y forja, que es, de hecho, el rasgo fundamental de la ética y estética del «Guerrero Espiritual». Y donde se juega el ser o no ser...

*

Doce son los Aesir principales en el Valhalla, doce los ciclos lunares de una primavera a otra y doce los meses del año, y doce serán las disciplinas del «Guerrero Espiritual»...

Y cierto es que se podrían articular y organizar estas disciplinas de manera diferente a como nosotros haremos acá y son así distintas las maneras con las que podríamos traer a colación, estudiando las enseñanzas de la Tradición Sapiencial, una fórmula o vía de disciplina integral. Nosotros mostramos así una vía que, a su vez, podría eventualmente reformularse de distinto modo y apuntando en la misma dirección, llegar al mismo objetivo...

En todo caso y de una manera u otra, con una fórmula u otra, la disciplina integral no es una teoría económica o política, tampoco una rama de ninguna iglesia u obediencia religiosa, ni tampoco una suerte de «esoterismo cristiano». La disciplina integral es la vía espiritual que señala la Tradición para la consecución de la *Areté*. Que a su vez es el objetivo supremo de la cosmovisión tradicional y el argumento primero de los hombres y mujeres de la «Raza del Espíritu». Objetivo y argumento anterior y superior tanto a la dimensión de lo meramente económico y político como a la dimensión de lo meramente religioso y clerical. Siendo a su vez, sin embargo, ambos escenarios lugar predilecto para la proyección de dicha *Aristeía*.

Es así conforme a un ideal clásico, de *Areté*, *Áskesis* y *Agathon*, un ideal del tipo humano a forjar en nosotros que se articula la disciplina integral.

DISCIPLINA 1ª

La disciplina de la mente

Lo primero siempre es la disciplina de la mente...

Vivimos en nuestro campo mental, vivimos en nuestro psiquismo, vivimos en ese movimiento de pensamientos, palabras e imágenes que alimentan emociones que a su vez alimentan de nuevo el psiquismo, en bucles inagotables que van y vienen una y otra vez... Y vivimos ahí. Y quien no sea capaz de disciplinar dicho campo mental, capaz de observarlo con distancia y desafectación, quien no entrene su capacidad de poner Consciencia a dicho burbujear psíquico y descondicionarse de él y su correr continuo, quedará a merced no ya de la vida y el mundo, sino, peor aún, de su propia egoidad... De sus propias reacciones a la vida y el mundo. Preso de temores y apegos, ansias y miedos, vanaglorias y desasosiegos y, en definitiva, de la palabrería incesante de su mente, del parloteo neurótico de la mente indisciplinada... Quedará absorbido así por un psiquismo incesante y una afectación recurrente, y sin Consciencia presente y, por ende, libertad respecto de dicha alienación mental y psicoemocional. Y ese estado precisamente de vida y personalidad absorbida por una mente incesante y neurótica, ansiosa, depresiva e insomne, es el estado propio del sujeto posmoderno, del tipo humano samsárico, del paria del alma de la poshumanidad contemporánea. Sin «eje, vertical y centro».

En este sentido, quien quiera conquistarse a sí mismo, y a su vez romper con el estado de postración espiritual que propicia la modernidad contemporánea, lo primero que tiene que hacer es disciplinar dicho campo mental y practicar las correspondientes disciplinas y técnicas de meditación y Consciencia presente, de descondicionamiento y liberación respecto del correr incesante del psiquismo, y aprender así a asentarse en estados de presencia y aseidad, de Consciencia esclarecida, observante, activada, impasible y en el centro. No tapada por el ruido mental y su cháchara sin fin...

Y vivir desde esa lucidez, presencia y solidez. Y desde esa lucidez, presencia y solidez, poder observar el flujo psicomental y emocional sin quedar atrapado en sus bucles y corrientes y más aún, desestimarlos sin más, dejarlos pasar sin más, y, con foco firme, vivir centrados y libres de dicha alienación mental. Libres de toda inflamación del psiquismo y absorción de la personalidad en el mero campo mental y su palabrería y emotividad incesante...

DISCIPLINA 2ª

La disciplina del discernimiento

Al hilo y continuación de la disciplina de la mente, y en realidad como prolongación y consecuencia de su entrenamiento, la disciplina del discernimiento: la luz de la oscuridad, la fuerza de la debilidad, la libertad de la alienación, lo verdadero de lo falso, lo recto de lo torcido, el camino del desvarío... La Consciencia de la mera mente. El «silencio luminoso» del ruido... Y ahí, en dicho discernimiento, saber mirar el mundo tal cual es: impermanente, transitorio y efímero. Y saber así que todo lo que te rodea desaparecerá... Qué todo lo que emerge, tarde o temprano, desaparece. Y todo lo que nace muere... Y ahí también el desapego y desprendimiento interior. Nuestra propia egoidad, nuestro propio ente meramente samsárico, biográfico, contingente, fenoménico, condicionado y existencial, también transitorio, impermanente y efímero... También nada...

Y ahí entonces esa lucidez, estado de presencia y solidez, que ve las cosas tal cual son y de nuevo discierne: todo lo que no es por sí mismo, no Es. Y solo lo que es por sí mismo, Es. Y es entonces absoluto, eterno, inmutable, permanente, inefable y atemporal... El plano del Ser y el plano del devenir. El Principio y la Manifestación. El centro radiante y su emanación. El Uno eterno y la multiplicidad infinita, cíclica y transitoria.

Y en el discernimiento, la Consciencia pura, desafectada, observante, libre y descondicionada, y el mero ente samsárico: mental, emocional y corporal de la egoidad. Y de nuevo ahí la calma, la presencia, el esclarecimiento. El «logos de Apolo», el autoconocimiento y el gobierno de sí. «El auriga, el carro y los caballos».

Lo verdadero de lo falso, lo recto de lo torcido, el camino del desvarío. La luz de la oscuridad, la fuerza de la debilidad, la libertad de la alienación.

La disciplina del discernimiento...

DISCIPLINA 3ª

La disciplina de la acción

La siguiente disciplina, consecuencia de estas dos disciplinas previas y relativa al inevitable actuar y proyectarse en el mundo de la vida humana, y casi a modo de expiración fruto de la inspiración previa que suponen las disciplinas de la mente y el discernimiento, está la disciplina de la acción. La «Vía de la Acción», como la llamó nuestro maestro Antonio Medrano...

De la acción pura, impersonal y abnegada, libre de cálculo e interés personal, y basada en la verdad, el sentido del deber, la objetividad y el sentido de proyección y «ofrenda», de dimensión sacra de la acción. Una acción así tanto desafectada de nuestra propia egoidad y «libre de nosotros mismos», como ofrendada «a Dios y al Mundo». Una acción de Karma Yoga como enseña Krishna a Arjuna en la batalla de Kurukshetra.

Una acción recta, clara, sin doblez ni sesgo. En estado de presencia y Consciencia. Convertida «en rito» y aplicada hasta para las cosas más pequeñas de la cotidianidad. Una acción pura y libre en la que no se está pendiente del retorno, sino de la aplicación abnegada de nuestra atención, nuestro esfuerzo, nuestro ánimo resuelto y el más alto sentido del deber. Una acción impersonal que nos convierte en meros canales o instrumentos de la *Areté*. Una acción pura y recta en la que no interviene directamente la egoidad, sino que, muy al contrario, convierte a esta en instrumento y canal del *Dharma*, y en herramienta del «Yo supraindividual, esencial y trascendente» o *Purusha*.

Una acción limpia de meros intereses personales y apetitos individuales: «Lo que debe ser hecho debe ser hecho». Una acción que es puro ejercicio de la *Areté* y expresión del *Agathon*, y que por ende se aplica hasta para la más pequeña cosa convirtiéndose en un estilo, en una manera de estar en la vida y en el mundo, en un modo de conducirse. Calmo, presente, resuelto, recto, justo, desapegado y desafectado, abnegado y centrado, espontáneo y decidido, persuadido y seguro.

DISCIPLINA 4ª

La disciplina del recogimiento y la oración

Esta es la disciplina de la humildad y la «confianza en Dios» y deriva de nuevo en gran medida de las anteriores. Es la disciplina de la observación de la pequeñez de la propia individualidad, de la propia egoidad. De lo que es nuestra mera identidad limitada y de cómo «necesitamos a Dios» para trascender dicha limitación, pues no es nuestra pequeña individualidad, la fuente de nuestra verdadera fuerza y poder.

De saber construir para ello un espacio de recogimiento. De sana soledad y apartamiento. De limpieza humilde del alma de los «excesos y dramas» de nosotros mismos, y de consecuente aceptación serena y confiada en las vicisitudes de nuestra singladura vital. Y a partir de ahí, el «no querer saber y controlar todo», y el saber ponerse en manos de la vida y del destino.

Disciplinar así la mente, el discernimiento y la acción conduce también al ejercicio de humildad de la oración.

Quien no sepa orar en recogimiento y en silencio, en conciencia de lo pequeño y efímero de su entidad meramente individual y fenoménica, abriéndose a su vez al misterio e inmensidad de la vida y el mundo, y a la fuerza infinita que todo lo sostiene y penetra, nunca dejará de ser un mero posmoderno... Un mero ejemplar más del descreimiento y nihilismo de nuestra época. Hay que aprender así a rezar. Al empezar el día o al terminarlo, abriendo con humildad el corazón al agradecimiento y la maravilla, y al poder inmenso que nos habita y constituye: «Señor, tu mar es muy grande y mi barca muy pequeña»... Somos demasiada poca cosa en lo que respecta a nuestro mero yo fenomenológico, al mero agregado de impresiones biográficas que constituyen nuestra egoidad. Hay así en la oración un vaciado de ti mismo, un acto de humildad que, paradójicamente, a través de dicho vaciado, nos llena de una fuerza que ya no es meramente nuestra, sino que opera a través de nosotros, y que nos sostiene inconquistables frente a todo... Disciplina de la oración.

*

DISCIPLINA 5ª

La disciplina del cuerpo

Vivimos en un cuerpo y hay que mantenerle bien alimentado y bien entrenado... No podemos ser unos zánganos y mal cuidarlo, abandonarlo a la pereza y la comodidad, y a las comidas nutricionalmente sucias que, sin embargo, pretenden enganchar nuestro paladar y solo nos inflaman por dentro, a la par que literalmente nos ponen fofos...

Hay que aprender así a mantenernos sanos, alimentándonos con conciencia nutricional y no desde el mero gusto o capricho, negándonos en rotundo a convertirnos en adictos a los carbohidratos, los azúcares y las harinas refinadas, así como al alcohol. A la comida basura, la nutrición basura y la bebida basura. Acompañando dicha conciencia nutricional de entrenamiento semanal. Debemos aprender así a entrenar para mantenernos físicamente fuertes en todas las etapas de nuestra vida adulta, aún incluso en la vejez. Muscular nuestro cuerpo, fortalecer nuestra resistencia cardiaca, trabajar nuestra elasticidad. Hacer de nuestro cuerpo una espada afilada... Y más aún, en los años jóvenes no dejar de practicar algún deporte de contacto y competir si fuera el caso aun cuando sea a un nivel puramente *amateur*[9]. Aprendiendo en dichos deportes la resistencia al dolor, la superación del miedo, la capacidad y técnica de combate, ataque y defensa de nuestro propio cuerpo, y la caballerosidad y el honor frente al rival, así como el desprecio al canalla y al rufián...

9 Reconocemos ahí la espinita que llevamos... pues hemos practicado artes marciales, defensa personal, y deportes de contacto, pero en los años que corresponde nunca entrenamos como para competir y, ciertamente, bien orientada desde un punto de vista ético, esa experiencia de la lucha en competición tiene un altísimo sentido y enseñanza espiritual.

DISCIPLINA 6ª

La disciplina del sol y la naturaleza

Íntimamente unida a la disciplina del cuerpo está la disciplina de la naturaleza. Nuestro cuerpo está completamente vinculado a la naturaleza y entreverado del orden natural. Esa misma naturaleza lo constituye y es su realidad radical. Debemos armonizar así nuestra vida y nuestro cuerpo conforme a la naturaleza, y ahí es fundamental armonizar nuestro estilo de vida a los ritmos circadianos y la luz solar. Toda la vida del planeta tierra depende de la luz y calor del sol y es fruto de los ritmos y ciclos solares. Y ahí entonces debemos disciplinarnos para armonizar nuestro estilo de vida a dichos ritmos y ciclos. A las horas de luz y las horas de oscuridad, evitando la insistencia recurrente en el uso de la luz artificial en horas de la noche o la luz de las pantallas de los dispositivos móviles. Luz artificial, luz azul, que en la oscuridad de la noche confunde a nuestro cuerpo y sus ciclos de sueño y descanso.

Del mismo modo nuestras horas de comida y nuestras horas de actividad, armonizarlas al propio orden natural y las horas de luz y oscuridad que genera el Sol, así como a las propias estaciones y su correspondiente cantidad de luz y calor. Aprendiendo aquí a exponerte a los ambientes de las distintas estaciones, exponerte al frío y al calor, a la humedad y el aire seco, armonizando tu propia vida cotidiana al ambiente y «personalidad» del invierno, la primavera, el verano, y el otoño. Del día y de la noche. El amanecer, el mediodía y el atardecer. La luz del sol a lo largo del día y la experiencia hoy día ya casi olvidada de la oscuridad nocturna…

Y hacer esto en la medida de lo posible en un lugar y modo de vida que te mantenga cerca de la naturaleza, de los horizontes inmensos, los parajes arbolados, el canto de los pájaros, la conexión con las estaciones, el *Dharma* cósmico que anima el mundo y que te constituye… Y aprender ahí a sincronizar trabajo, alimentación, entrenamiento y horas de sueño con esos ritmos circadianos, con ese ciclo solar y con esa exposición a la luz natural y al aire libre.

Con conciencia de los propios alimentos y su relación con dicha naturaleza de la que surgen, y todo ello como llamada a saber «re-ancestralizar» nuestros hábitos frente a la artificiosidad de la vida moderna y evitar un estilo de vida de espaldas al orden natural, un estilo de vida «adhármico». De espaldas a las leyes de la naturaleza.

DISCIPLINA 7ª

La disciplina del sexo y el erotismo

Unida tanto a la disciplina del cuerpo como a la disciplina de la naturaleza, la disciplina del sexo... Aprender a ser hombre, aprender a ser mujer. El eterno femenino y el eterno masculino, el hombre absoluto y la mujer absoluta. Frente a la sociedad contemporánea, que plantea una suerte de ambigüedad, de fluidez entre géneros, de deconstrucción y resignificación, ir en la dirección radicalmente contraria. Hombres alineados totalmente con la masculinidad, en cuerpo y alma. Mujeres alineadas totalmente con la feminidad, en cuerpo y el alma.

Si eres hombre, encarna desde tu molde individual y concreto, en tu ecuación personal y única, el eterno masculino. Hasta su máximo potencial y en las distintas etapas de la vida. Si eres mujer, encarna en tu molde individual y concreto, en tu ecuación personal y única, el eterno femenino. Hasta su máximo potencial y en las distintas etapas de la vida. Alineando esencia y existencia, y de acuerdo con esa polaridad cósmica universal que hemos llamado eterno masculino y eterno femenino. Yang y Yin de la tradición y metafísica taoísta, Shiva y Shakti y *Pursuha* y *Prakriti* del *Sanatana Dharma*, Azufre y Mercurio alquímicos de la tradición hermética, hombre y mujer, testosterona y estrógenos, espermatozoides y óvulo, de la evidencia biológica y el propio orden natural. La díada cósmica y universal en su concreción concreta del ser humano en todo su potencial complementario y su magnetismo, y en su expresión física, hormonal, psíquica y emocional.

La «metafísica del sexo» como un algo muy profundo, que nos impele desde lo más hondo y, a la vez, nos constituye en toda nuestra dimensión corporal y psicoemocional: ser hombre o ser mujer no es una opción ni una construcción, ni es intercambiable u objeto de disolución y ambigüedad, ser hombre o ser mujer es un Destino que te es dado y al que te debes…

«Nací para ser mujer y ser amada por un hombre que realmente lo sea. Nací para ser hombre y amar a una mujer que realmente lo sea»…

Metafísica del sexo, orden natural y verdad de las cosas, frente a la ideología de género y su horizonte confusionario. Horizonte que hoy día, y peor aún, se mezcla con esa pandemia de sexualidad puramente consumista y porno adicta que a través de las pantallas de los dispositivos móviles embota entendimiento, deseo, confunde y frustra, e incentiva la promiscuidad más absurda y superficial y el narcisismo más ridículo e inmaduro, así como en muchas ocasiones una obscenidad aberrante.

Frente a tal estado de cosas: la disciplina del sexo como sana vía de autoconocimiento, horizonte de sentido y potencial a desarrollar en nosotros, así como liberación respecto de tanta necedad y disparate, aberración y absurdo, confusión y locura, superficialidad e inmadurez…

*

DISCIPLINA 8ª

La disciplina del estudio, la formación y el trabajo

Estudiar, formarnos, trabajar. Ganarnos la vida sin dejar nunca de seguir estudiando y seguir formándonos. Aportar al mundo con dicho trabajo, estudio, y formación, ateniéndonos siempre al significado espiritual de la labor que hagamos, por humilde que esta sea, y llevar ahí nuestro orgullo y dignidad. Sin vender jamás el alma al diablo…

Entendiendo qué cosa es la riqueza material, cómo se genera y cuál es su función y circuito de expansión y desarrollo, y actuar prudentemente, pero con determinación en consecuencia. Atendiendo a su vez a cuál es el aprendizaje que implica el trabajo y cuál el papel del trabajo en la construcción de la personalidad. Cuáles son sus problemáticas y cómo podemos sobrellevarlas o corregirlas. Cómo debe ponerse el trabajo en el ámbito del esfuerzo en cuanto su dimensión misional, de encomienda de vida y experiencia vital, de participación y aporte a la sociedad, a la historia general y a la propia patria. Teniendo como horizonte así la vocación, pero también las propias necesidades perentorias de la vida, y el esfuerzo ahí para generar riqueza y afrontarlas aun cuando dicho trabajo pueda no ser de nuestra resonancia.

No se puede vivir sin estudiar, sin formarnos, sin trabajar, sin aprender y proyectar, aportar y participar. Y todo trabajo tiene su dignidad y su significado espiritual, y si no lo tiene no es un trabajo. Es otra cosa... Ya sea una esclavitud, ya sea un crimen. Pero tenemos que trabajar. Con honestidad y abnegación. Más aún si somos generadores de trabajo a través de una iniciativa empresarial. Donde nuestra responsabilidad es incluso mayor y la altura de miras debe ser más alta, donde pocas cosas harán más daño a una comunidad en esta faceta tan radical y clave de la vida humana que un empresario sin ética, indigno, miserable, injusto, tacaño, mezquino, irresponsable y pagado de sí... Un ejemplar repudiable de deshonor y falta de integridad en este marco tan esencial del trabajo y la generación de riqueza que como tal, no podría sino movernos al más profundo desprecio, más aún entre el resto de empresarios que sí son conscientes de su papel y de su mayor responsabilidad...

DISCIPLINA 9ª

La disciplina del patriotismo

Al hilo del último párrafo del anterior apartado y disciplina, la disciplina del patriotismo... Dar una dimensión y virtud de patriotismo a las cosas que hagamos. Un patriotismo tanto como aporte a la comunidad, como mantenimiento y actualización de su linaje y tradición. Nadie estrena ni la vida ni el mundo y nadie es el primero en llegar y hay siempre detrás de nosotros una cantidad centenaria, milenaria, de hombres y mujeres que vivieron y murieron antes que nosotros y a los que, en cierta medida, les debemos todos «hasta el color de los ojos»... Somos continuadores de un legado y hay entonces que conocerlo, cultivarlo, asegurarlo, actualizarlo, engrandecerlo y trasladarlo a las generaciones futuras. Hay que hacer un ejercicio de autorreconocimiento en dicha tradición y linaje, y al mismo tiempo y a partir de ahí, un ejercicio de mantenimiento, defensa, fortalecimiento y actualización.

Pocas cosas habrá más rebeldes hoy día y frente al desarraigo posmoderno y su deriva atomizadora en la fragmentación identitaria de la cultura de la deconstrucción, que la disciplina del patriotismo. Que la conciencia de que desciendes de un proceso histórico y antropológico secular, que te constituye y te da raíces. Raíces en la tierra, en la historia, en la idea de antepasados y linaje, de tradición trasmitida desde antaño y a pesar de todo, llegada incluso hasta día de hoy, Raíces... Y a partir de ahí, sentido del deber. Tanto respecto al mantenimiento y cultivo de dichas raíces como respecto de esa dimensión que hemos señalado anteriormente del trabajo, del estudio, de la formación, de la generación de riqueza. De aportar y hacer comunidad. De superar la mera querencia individual y egoica y conforme a la virtud del patriotismo, participar en esa faceta tan radical y fundamental de la vida humana como lo es el trabajo. Que nuestra labor, sea cual sea, esté así entreverada de una honda conciencia y vocación patriótica. Más aún si somos generadores de riqueza, de empleo, de opinión o de tendencia. Hacerlo todo con la humildad y el sentido del deber que impele la virtud del patriotismo y, especialmente, hacerlo así, si estamos en puestos de liderazgo empresarial, político, cultural, artístico, formativo o periodístico...

DISCIPLINA 10ª

La disciplina del amor, la familia y la comunidad

El amor, la familia, la comunidad. Casi la razón misma de ser de la vida humana... Recuperar el significado profundo del amor, y ahí del encuentro, los lazos del corazón y los afectos, de la aceptación del otro y el respeto, del querer en el otro su máximo potencial y ver en él su humanidad y dignidad esencial. Y las redes de vínculos, amistad, pareja, familia, hermanamiento, «tribu» y vecindad que nos constituyen y hacen fuertes, y a conciencia hacemos nuestros y cultivamos.

No existimos como átomos desvinculados, como mónadas aislados, somos relación y lazos, de afecto e interdependencia. De familia y sangre. De pareja y amistad. De compañerismo y camaradería. De vecindad y comunidad. Estamos obligados por sentido del deber y salud del alma a saber cultivar y cuidar esa dimensión de amor. Fraternal, filial, romántico. Amigos, compañeros, vecinos, pareja, padres, hermanos, camaradas... La disciplina del amor, la familia y la comunidad como clave fundamental en la constitución de nuestra personalidad y fortaleza frente a las contingencias y miserias de la existencia.

Somos así hijos de nuestros padres y desde que nacemos somos parte de una comunidad: la familia. Y a esta le corresponden deberes y derechos. Debemos así tomar conciencia de ello y actuar en consecuencia. Sabiendo hacer familia, como hijos y hermanos, o en paternidad, crianza y educación; y debemos a su vez saber hacerlo en un sentido amplio, de allegados y comunidad humana orgánica y natural abierta al círculo de amistades, vecinos e incluso conciudadanos. Y debemos aquí saber superar todas las miserias y contingencias de la vida cotidiana en familia y saber asumir todas las bendiciones y sanas obligaciones que se nos imponen. Y debemos hacerlo con abnegación y sacrificio tanto como padres como hijos, como hermanos o como amigos o compañeros. En conciencia de la imperfección humana, pero también de la grandeza de las pequeñas cosas, del amor fraternal, de la capacidad de perdón, de reencuentro y de afecto sincero y desinterés...

*

DISCIPLINA 11ª

La disciplina de la palabra

Saber pensar, saber hablar, saber argumentar. Pensar recto, hablar recto, decir recto... La disciplina de la palabra. No podemos vivir en plenitud sin saber elaborar un pensamiento recto y claro y sin saber expresarlo con palabras rectas y claras. Sin ser capaces de comunicarnos y argumentar conforme a la verdad, la objetividad, la impersonalidad. Y a su vez no podemos vivir en plenitud si no sabemos con palabras trasmitir nuestros sentimientos, nuestras cuitas, nuestros afectos, y saber trasmitirlas, pero también pensarlas con orden y comprensión para nosotros mismos. Para desenredar nuestra cabeza y nuestro diálogo interno.

La disciplina de la palabra... Del mismo modo que no puede ser que no mantengas en forma tu cuerpo y te vuelvas enclenque o fofo, no puede ser que no sepas expresarte con claridad, con carisma y convicción, y que no sepas elaborar un discurso. Que no sepas transmitir razonamiento y argumento, ni sentimiento y sugestión. Que el don tan característicamente humano de la palabra y la comunicación verbal no lo manejes ni sepas implementar.

Y este don de la palabra efectivamente, y como ya hemos señalado, estará íntimamente relacionado con el don mismo del pensamiento. Del saber pensar de manera racional, lógica y armoniosa. De saber desenredar los diálogos internos con solidez discursiva y racional frente al psiquismo neurótico y desembridado que tanto nos asola a día de hoy.

Pero no solo esto, la disciplina de la palabra es también el valor de la palabra dada. Del compromiso de nuestra palabra. Del honor y dignidad en nuestra palabra. De la coherencia entre nuestra palabra y nuestra acción. Del atenernos a nuestra palabra y ser coherentes con nuestro discurso. De cultivar la continuidad entre palabra, personalidad y acción. Donde pensar recto y decir recto es también entonces actuar recto.

Y aquí también el gusto por la palabra clara, concisa, certera, sintética, breve, objetiva, desafectada, limpia, digna de nosotros y de nuestro interlocutor. Y el don de la elocuencia, pero también de lo lacónico y preciso, frente al peligro de la palabrería y la charlatanería…

DISCIPLINA 12ª

La disciplina del silencio

Y finalmente cerrando el círculo y conectado con la disciplina primera, con la disciplina de la mente, la disciplina del silencio. Hay también que saber callar… Guardar silencio y observar. Permanecer en silencio, recogidos en nosotros mismos o atentos. A lo que estamos haciendo o a lo que puedan hacer los demás. Discerniendo cuando toca tomar la palabra, pero también cuando toca escuchar y observar. Sin charla innecesaria, sin palabras vanas, sin comentarios frívolos. Silenciosos y atentos. Disciplinados desde el silencio en hacer nuestra labor, en observar a los demás y lo que sucede en nuestro entorno, o simplemente en recogernos en nosotros mismos. En quietud y silencio.

La disciplina del silencio… Hay que saber subirse a la «montaña interior» y desde ahí observar el valle del mundo, las cosas y la gente. Y se sube dicha montaña con el silencio, y es desde el silencio que se observa dicho valle y se aprende… Quien quiera comprender así la cartografía de un territorio tendrá que saber elevarse y observarlo desde fuera y desde lo alto, y la disciplina de la distancia y de la elevación de la mirada es la disciplina de silencio. Primero dentro de nosotros mismos y luego hacia fuera. En relación al mundo que nos rodea. Conocer «un territorio» implica así saber observarlo en distancia y silencio. Y desde ahí actuar en consecuencia…

La disciplina del silencio nos enseña así a observar al acecho, a comprender en la distancia las inercias, patrones y movimientos. A ver en los demás «dentro de ellos mismos». Desde donde se mueven y hacia dónde. A ver su «alma» a través de la escucha silenciosa de sus palabras, de sus acciones y de sus gestos. La disciplina del silencio hace así más profunda y penetrante nuestra mirada, y, a la vez, nos permite tomar distancia de nuestra propia mente y emociones y de la mente y emociones de los demás. Descubriendo inercias, intenciones, inconsciencias, sesgos, derivas, miedos y apegos…

De nuevo compresión, fortaleza, imperturbabilidad y gobierno. El auriga platónico y el carro y los caballos. La libertad que es hija de la sabiduría y la fuerza, la sabiduría y la fuerza cuyo fruto es libertad.

Y efectivamente la disciplina del silencio conecta con la disciplina de la mente y cierra el círculo. Hemos dicho al empezar que la disciplina de la mente es en gran medida saber callar el mero psiquismo burbujeante e incesante que todos tenemos en nuestro interior. El silencio, la quietud y la distancia atenta y observante apunta exactamente en la misma dirección…

*

Disciplina y señorío de sí… *Áskesis* y *Areté*. Disciplina de la mente, del discernimiento, de la acción, de la oración, del cuerpo, del sol y la naturaleza, del sexo y el erotismo, del trabajo y la riqueza, del patriotismo, del amor, la familia y la comunidad, de la palabra, del silencio… Disciplina. Olvídate de «llegar a ser quien estás llamado a ser» si no tienes disciplina. Olvídate de la enseñanza de Apolo en Delfos y el «conócete a ti mismo» si no tienes disciplina. Olvídate de tener centro, eje vertical, dimensión de aseidad, de esencia presente y Consciencia plena de ti, si no tienes disciplina. Olvídate de la salud del alma y la fuerza interior si no tienes disciplina. Olvídate de ser interiormente invulnerable, de conquistar una suerte de unidad indestructible, centralidad impasible, y libertad respecto de ti mismo. Olvídate de formar parte de los *Ariya*, si no tienes disciplina… Si aspiras a ese nivel de plenitud, tendrás que someterte a la disciplina y si no, olvídate…

Y si no cultivas y te disciplinas en ese horizonte de *Aristeía*, entonces, de un modo u otro, con mayor o menor nivel de alienación, con mayor o menor dignidad y Consciencia de tu situación, tu destino será la vida unilateralmente absorbida y condicionada por el barrizal del *Samsara*... Empezando por el barrizal del *Samsara* de tu mera individualidad caduca y existencial, y la «cápsula subjetiva» de su mente y emociones, y de su inercia centrífuga, sin centro, eje, Consciencia, presencia y gobierno...

Y aquí y a su vez, la clave que tanto hemos insistido en este libro, de que en gran medida la contrarrevolución necesaria frente al nihilismo moderno pasa precisamente por la generación de ese tipo humano de la *Aristeía* que aquí venimos reivindicando. De ese tipo humano del *Arya Dharma*.

Contestar a los tiempos que corren es así en gran medida este nivel espiritual y antropológico de forja de un tipo humano antagónico al sujeto meramente samsárico, horizontal, pasivo, carente y existencial de la poshumanidad.

En este sentido la pregunta que subyace de ¿qué es el Hombre?, la Tradición Perenne la responde diciendo: El Hombre es la posibilidad de construirse activa e interiormente en Consciencia plena, centro y eje supraindividual y anagógico, «Mónada Invicta y autoluminosa», invulnerable, descondicionada y libre. Libre y descondicionada de la mera cápsula de egoidad samsárica, existencial, caduca y puramente fenomenológica, y de todos sus temores y apegos... Ser Hombre es la posibilidad de construirse así en *Aristeía* y desde ahí, hacer *Polis* y comunidad, encuentro y hermanamiento, familia y linaje, *männerbünde* y *Regnum*...

Y eso es ser persona en su máximo potencial y ese es el horizonte de máxima plenitud que quepa imaginar, el derecho y deber aristocrático que ninguna degradación nihilista y civilización de parias o fanáticos religiosos podrá jamás tapar o soslayar. Vida orientada por esa *Areté y Agathon* que nos enseña la cosmovisión tradicional y que se convierte tanto en horizonte de sentido y razón de ser, como en una suerte de patria espiritual a la par que universal, que trasciende la patria meramente carnal, y en la que los hombres y mujeres de la «Raza del Espíritu» se reconocen entre sí y se encuentran conforme a la consigna de «convertir el asco en acero, y salir al mundo a buscar a sus iguales»...

Y entonces efectivamente nada de lo que podamos haber dicho en este libro será una teoría económica, un programa político, una dogmática religiosa de ninguna iglesia, mandamiento o credo, pero sí una ambiciosa contemplación y práctica espiritual. Una férrea *Sadhana* para la que, sin embargo y paradójicamente, sí cabrá decir: «Fuera del *Arya Dharma*, *nulla salus*»...

Epílogo: cierre y consagración

«En su sentido más fundamental Arya Dharma significa lucha y victoria frente a todo lo que dentro y fuera de nosotros se opone al avance del Espíritu en el alma humana»...

Y de la «Raza del Espíritu» serán aquellos que han aceptado esta manera de ser y este camino de vida... esta Áskesis de práctica interna y externa orientada a la forja interior y a la acción en el Mundo conforme al correspondiente ideal de Aristeía. De superior libertad y gobierno de sí, más allá de todo lo que nos aliena, nos ofusca, nos arrastra, condiciona, adormece o envilece.

La lucha del «Guerrero Espiritual», la lucha de los Ariya, es así la lucha por la «Verdad y la Libertad» en el alma humana, y frente a la ignorancia y la alienación en todas sus formas y especialmente dentro de nosotros mismos. Y dicha lucha es la trama de fondo del acontecer histórico universal y la única y verdadera «Guerra Santa». La «Cruzada» primera y última. Y en dicha «Cruzada», la cosmovisión espiritual de la Tradición Sapiencial es la enseñanza y práctica de la «Luz, Verdad y Fuerza» que nos hace libres. Y en frente el nihilismo, que posmoderno o integrista, ilustrado y sofista o fanático y puritano, «luciferino» y globalista o de los «orcos de la Sharia», es en cualquier caso el principio de subversión y ofuscación que nos aliena y hace esclavos. Que nos enloquece o nos embrutece. Es en cualquier caso nuestro antagonista y debe ser derrotado...

Y la misma historia del nihilismo será la «Historia del Kali Yuga» o del cómo hemos llegado hasta aquí, hasta «la Edad Oscura». Y este proceso, no es sino la historia misma del ser Humano...

Pues el nihilismo germinó y se comenzó a actualizar en el corazón del Hombre el día que se negó en el ser humano una «raíz divina», todavía viva, activa y presente, en el centro de su alma. Una «llama imperecedera» en virtud de la cual y «por sus actos», el ser Humano podía «hacerse Uno» con dicha «llama de lo Alto» y «merecer» el Reino de los Cielos...

Una vez negada así la más profunda esencia y la más alta posibilidad, el destino del Hombre no podía ser otro que el de paulatinamente caer en el nihilismo... Ya sea el del fanatismo puritano del nihilismo religioso, ya sea el de la negación de la Trascendencia y, por ende, del viraje al vacío del nihilismo materialista. En cuyos engranajes y como si de una mera pieza de repuesto se tratase, nuestras vidas y nuestras almas son encajadas y prósperas o miserables, no dejan de ser usadas, machacadas, desechadas y, finalmente, sustituidas... Como las de meros esclavos...

Y en esas mayormente... hoy día estamos.

Y, sin embargo, la misma «Némesis» que el mundo de la Tradición cobijó en su seno, con esas semillas de nihilismo que terminaron por germinar y usurpar «el Reino», también se dará en el tiempo presente, pero desde el signo contrario...

Es decir, la Modernidad guardará escondidas dentro de sí, sin apenas percibirse de ello, las semillas de su derrota... Esas «semillas» no son otras que la presencia de hombres y mujeres de la «Raza del Espíritu» en pleno Kali Yuga. Hombres y mujeres que han hecho de la lucha del «Guerrero Espiritual» el argumento de su vida. De la «Restauración» y el «Retorno del Rey» el horizonte de su accionar en el Mundo. Y del «Cabalgar el Tigre» la clave frente a la cual la Modernidad cava su propia tumba...

Esos Hombres y Mujeres son la semilla de la Revolución. Son el punto de partida del regreso de la Tradición Eterna. Ellos son el futuro y la esperanza. La nueva aristocracia y los últimos «Hombres Libres» en un mundo de «esclavos felices» de la «falsa libertad»... Esa que ha olvidado el derecho y el deber de «aspirar al Valhalla»...

Glosario de términos

Adharma
Usaremos el término *Adharma* para designar la conducta y orientación que va en contra del principio espiritual y ley cósmica universal que todo lo genera y sostiene, así como en contra de la ética y espiritualidad de los *Ariya*, de quienes hacen de dicho principio y ley el argumento de la vida. Generando entonces subversión, desorden, confusión, necedad y sufrimiento.

Adveniat regnum tuum
«Venga a nosotros tu Reino». Extraída en lengua latina de la oración cristiana del padrenuestro. La usamos para referir la vocación y horizonte espiritual de toda comunidad, proyecto y vida, imbuidos de la cosmovisión tradicional.

Agathon
El Bien Supremo que es a su vez el Principio Supremo, Incondicionado, absoluto y libre, y la vez presente en el alma humana como su esencia más radical. Principio que otorga así fundamento, inteligibilidad, esencia, sostén y valor a todo lo existente, trascendiendo al mismo tiempo cualquier limitación de lo meramente existente en cuanto contingente. Es el horizonte último de la *Áskesis* y la *Areté* y nosotros también lo ponemos en relación al *Atman* hindú. Es un término proveniente del platonismo.

Agnoia
Término proveniente del platonismo. Lo usaremos para designar los estados de ignorancia espiritual profunda y, por ende, de

alienación del alma y desconocimiento de sí. Refieren un alma y entendimiento opacado para la *Areté*, la *Áskesis* y el *Agathon*.

Aletheia
La verdad entendida como lo que deja de estar oculto y se desvela para mostrarse de manera plena, clara y sin distorsión, purificando y esclareciendo el alma de todo engaño, confusión o ilusión de la mera existencia condicionada. De toda ignorancia espiritual. También, así como verdad entendida en un sentido no ya epistemológico, sino sobre todo ontológico y cosmológico. Es término proveniente del platonismo.

Anagógico
Relativo a la elevación espiritual o ascensión liberadora del alma hacia lo Incondicionado. Es fruto de la *Áskesis* o *Sadhana* y en general de las disciplinas de autoconocimiento y conquista interior.

Anima Mundi
El «alma del Mundo». Término proveniente del platonismo y referido genéricamente al alma universal del orden cósmico y la naturaleza misma en toda su amplitud e infinidad, que no sería así un «mecanismo» meramente material, sino una realidad dotada de alma. Lo ponemos en relación con el término *Prakriti* del hinduismo y la idea del «eterno femenino».

Areté
La *Areté* es la nobleza espiritual que define la vocación y capacidad de disciplinarse para alcanzar lo Incondicionado, la plenitud del *Agathon* «autoluminoso» o Bien Supremo, y, por ende, de liberarse de los estados de ignorancia y carencia propios del alma meramente individual y contingente. Se trabaja a través de la *Áskesis* y es un término que ponemos en relación al *Arya Dharma*. Es un término proveniente de la Grecia clásica.

Aristeía
Usaremos el término *Aristeía* para señalar el estado de plenitud y perfección espiritual supremo fruto de la *Áskesis* y la

correspondiente *Areté*. Es un término proveniente de la Grecia clásica. Lo ponemos en relación a lo que en el texto llamamos «lo Importante».

Aristoi
Usaremos este término para designar a aquellos que cultivan y trabajan persuadidos y consagrados a la *Areté*. Lo ponemos en relación al término *Ariya*. Es un término proveniente de la Grecia clásica.

Ariya
Usaremos el término *Ariya* para designar a aquellos que viven radicalmente persuadidos y comprometidos por alcanzar una total Consciencia y conquista de sí, descondicionamiento liberador de su mera individualidad fenomenológica y, *por ende*, correspondiente elevación espiritual, invulnerabilidad interior, calma profunda y estado de presencia y de acción pura y desapegada. Es un término proveniente del *Sanatana Dharma*.

Artha
El *Artha* es el propósito material y el bienestar mundano en la vida humana, que debe ser alcanzado de manera ética y equilibrada sin incurrir en *Adharma*. Lo ponemos en relación a lo que en el texto llamamos «lo necesario». Es un término proveniente del hinduismo.

Arya Dharma
Usaremos el término *Arya Dharma* para señalar la doctrina espiritual y la cosmovisión de los *Ariya*, entendida a su vez como la ley y disciplina de la nobleza del alma y el cultivo de la virtud, la fuerza interior y la sabiduría.

Aseidad
Usaremos el término para designar la dimensión del Ser en el interior del alma humana. Lo ponemos en relación al descondicionamiento respecto de la mera individualidad samsárica y sus estados de ignorancia, carencia, temor y apego. También

lo usamos en relación al *Agathon* griego y el *Atman* hindú y la Mónada Invicta del platonismo.

Áshram
El Á*shram* es un retiro espiritual donde se busca la realización en el Ser a través de la meditación, el estudio y la disciplina. Nosotros también planteamos el propio mundo como un gran Áshram o incluso como el Áshram supremo. Está íntimamente unido a la figura del Gurú, o maestro del Áshram.

Áskesis
La *Áskesis* es la disciplina espiritual que busca purificar y elevar el alma más allá de la existencia condicionada de la mera individualidad fenomenológica y desarrollar entonces la invulnerabilidad y fortaleza interior a través de la práctica de la austeridad, el ánimo impasible, el autoconocimiento y el gobierno de sí, y la desafectación. Está en relación a la *Areté* y el *Agathon*, así como a la *Sadhana* del hinduismo.

Ataraxia
Literalmente podríamos traducirlo como «ausencia de turbación». El término lo tomamos de la tradición estoica y refiere los estados de serenidad e imperturbabilidad del alma, de ánimo impasible y desafectación.

Atman
Concepto fundamental del *Sanatana Dharma* y, en general, de la cosmovisión tradicional en su sentido más eminente. El principio supremo de aseidad, «autoluminosidad» y Trascendencia, desde el punto de vista de su inmanencia en el universo, y en el alma humana. Entendido entonces como la esencia más profunda, radical y real del Hombre. El *Atman*, idéntico a *Brahman*, Absoluto último e inefable, está así presente y es inmanente a toda la manifestación cósmica y es el Centro mismo del ser humano. Nosotros lo ponemos en relación a la Mónada Invicta del platonismo, a lo Incondicionado, y a la tríada cuerpo, alma y «Espíritu». La actualización de su presencia en el alma es el

argumento mismo de la cosmovisión tradicional, respecto de la superación anagógica de la mera egoidad e identidad puramente fenoménica y existencial. También la ponemos en relación a la imagen del auriga, el carro, las riendas y los caballos. Y a las ideas de invulnerabilidad, libertad e inmortalidad.

Autarka

Aquel que espiritualmente se basta a sí mismo alcanzando mediante rigurosa *Áskesis* la autosuficiencia interior mediante la unión con lo Incondicionado. Término proveniente del estoicismo.

Autárkeia

La *Autárkeia* es la autosuficiencia espiritual, donde el individuo no depende de nada externo para encontrar su quietud interior y calma profunda, su ánimo impasible y descondicionado. Su *Ataraxia*. Proviene del estoicismo.

Avatara

En su sentido original el término *Avatara* refiere la manifestación divina que desciende al mundo material para restaurar el *Dharma* y guiar a la humanidad hacia un renovado ciclo de espiritualidad. Nosotros en un sentido particular de este libro también lo usamos para referir el papel de los hombres y mujeres de la «Raza del Espíritu» en el Kali Yuga.

Avidya

La *Avidya* es la ignorancia espiritual y, por ende, la falta de conocimiento y comprensión sobre lo ilusorio e impermanente del mundo material y la propia existencia condicionada. Ignorancia que mantiene a los seres humanos absorbidos y encapsulados en esa ilusión y condicionamiento, y, por ende, atrapados en los estados de carencia, inquietud y ofuscación, o *Dukkha*. Es un término proveniente del *Sanatana Dharma*.

Brahman

Concepto fundamental del *Sanatana Dharma*. Designa el Principio metafísico supremo y universal, la realidad última y superior, el absoluto Incondicionado, Centro y eje trascendente de toda la manifestación cósmica y que a su vez a toda la manifestación cósmica penetra y sostiene. Véase *Atman*.

Buddhi
Concepto fundamental del *Sanatana Dharma*, relativo a la capacidad de tomar Consciencia, de «despertar», de ejercer un intelecto puro y descondicionado que discierne lo verdadero de lo falso, lo real de lo ilusorio.

Catábasis
La catábasis refiere el descenso hacia las oscuridades y profundidades del alma, descenso abierto a la posibilidad de purificación, esclarecimiento e iluminación, pero a riesgo de perder el alma en el trance.

Catarsis
La catarsis es la purificación del alma a través de una elevación espiritual liberadora de los temores, apegos, miserias y bajezas, de la mera egoidad fenoménica y existencial. Experiencia así anagógica que puede incluso sublimar a través de los sentidos y conectar desde ahí con la dimensión de la aseidad.

Centro (y Vertical)
Usamos los términos «Centro y Vertical» para designar la dimensión de la aseidad y la vía y experiencia anagógica de la correspondiente espiritualidad.

Consciencia
Usamos el término Consciencia para designar el foco luminoso, observante, desafectado, discernidor, lúcido y despierto, que se proyecta sobre nuestro campo mental, sobre nuestro mero psiquismo, sobre nuestra mera entidad psicofísica y emocional. Y es capaz de tomar distancia y rienda…

Cruzada
Usamos el término para designar la lucha contra el nihilismo en todas sus formas. Tanto el nihilismo moderno como el nihilismo

salafista, como el propio y eventual nihilismo en nuestra manera de ser, pensar y vivir. Es un término proveniente de la tradición cristiana.

Dasein
El término proviene del glosario filosófico de Martin Heidegger y refiere al puro sujeto existencial, como «arrojado al mundo», siendo desde ahí que tiene que bregar con dicha existencialidad. Nosotros lo usamos mayormente como referencia a la individualidad puramente fenoménica y su estado subyacente de carencia, inquietud, temor o apego. Pero también de su necesidad de superar dicho estado.

Dharma
Principio espiritual que sostiene el orden cósmico universal y está llamado a guiar todo orden social y personal. Ley primera que es la naturaleza profunda del ser humano y del universo. Es un concepto clave del hinduismo y del budismo.

Dukkha
El *Dukkha* es el estado de carencia inherente a la existencia humana condicionada. Causado por la ignorancia espiritual propia de dicho tipo de existencia y de su correspondiente apego y temor frente a lo impermanente, transitorio y efímero de todas las cosas. Frente al devenir incesante e inasible del *Samsara*. Es un concepto clave del budismo y del hinduismo.

Einherjar
Los guerreros de Odín en el Valhalla. Elegidos por las valquirias por su valor y su honor y por su muerte en combate espada en mano. Lucharán junto a los dioses y Odín contra las fuerzas del caos en la batalla final del Ragnarok. Es un concepto clave de la tradición vikinga.

Espiritualidad Heroica
Traemos el concepto a colación a partir de nuestro estudio sobre la tradición guerrera en el antiguo mundo céltico. Lo

usamos para referir la idea de una vocación, actitud y acción hacia la Trascendencia que se articula y expresa a través del ideal heroico y la idea de «muerte triunfal» y gloria celestial. De la concepción de la vida como lucha, de las virtudes y cualidades del guerrero como las cualidades por excelencia del Hombre pleno y de la existencia de una dimensión interior en dicha lucha, para la cual la lucha exterior es expresión y oportunidad de desarrollo y aprendizaje espiritual. Lo ponemos también en relación a la tradición germánica del Valhalla y al concepto de lo Olímpico recogido por el perennialista Julius Evola.

Feérico
Extraemos el término del folclore popular relativo a la creencia en las hadas y más concretamente en el lugar del *fairie* en las tradiciones de raíz céltica. Alrededor del concepto céltico del *Sidhe* o «Reino Encantado». Lo ponemos en relación al concepto platónico de *Anima Mundi* y a la idea también platónica de un alma para la naturaleza, los árboles, ríos, montañas...

Fenoménico/fenomenológico
Usamos el término para designar la individualidad puramente existencial, caduca, condicionada, contingente y biográfica del sujeto. La mera egoidad y ente simplemente samsárico e inconsciente de la personalidad, y su dimensión y «cápsula» puramente psicofísica y emocional. Lo ponemos en relación a los estados de ignorancia espiritual y carencia, apego y temor. Y lo ponemos también en relación el engaño y subversión «luciferina» de la Modernidad, y la correspondiente identificación unilateral del sujeto, con dicha dimensión meramente fenoménica de la personalidad.

Forma mentis
Término latino que refiere a la forma de pensar, en el sentido de la plantilla o raíles *a priori* que encauzan pensamiento, sensibilidad y concepción de las cosas.

Gnosis

Lo utilizamos en el sentido de realización cognoscitiva y sapiencial, y en relación a la dimensión de la aseidad y la comprensión espiritual última. Por ende, en relación a la liberación respecto del estado de ignorancia de la mera egoidad fenoménica y condicionada. El término sería en este sentido análogo en gran medida al *Jñana Yoga* del hinduismo y en nuestro texto, apuntaría hacia lo que hemos llamado «disciplina del discernimiento». No lo usamos así en ningún caso en relación al gnosticismo histórico de la tardo Antigüedad y sus distintas sectas.

Griálico

Relativo a las leyendas medievales del santo Grial. Subrayamos nosotros su dimensión misional, heroica, redentora y de prueba espiritual.

Gurú

Maestro espiritual por lo general al cargo de un Áshram. Nosotros lo referimos en el sentido de ver el mundo mismo como un Áshram y la vida misma como el Gurú...

Hegemonikón

El *Hegemonikón* es la parte más elevada del alma humana y, por ende, la facultad potencial de dicha alma para el gobierno de sí y guía interior de acuerdo al *Agathon* y la dimensión de la aseidad, más allá de los condicionamientos de la mera individualidad fenoménica y existencial. Es un término proveniente del estoicismo y el platonismo.

Henósis

La *Henósis* es la unión del alma con lo Divino y el proceso de integración espiritual e identidad suprema entre el alma y Dios. Es un término proveniente del platonismo.

Hierofanía

La hierofanía es la manifestación de lo sagrado en lo profano. Donde lo divino se revela a través de momentos, símbolos, ritos, experiencias o lugares potencialmente especiales y capaces de manifestar sin velo la Trascendencia en la inmanencia. Generando así catarsis en quien los contempla…

Imago Dei
«Hecho a imagen y semejanza de Dios»… El término proviene de la tradición cristiana y lo usamos para referir la continuidad ontológica entre el alma humana y el Espíritu Santo, y a pesar de la lesión y distancia espiritual generada por el Pecado Original. Nuestra naturaleza estaría así caída, lesionada, pero no destruida o subvertida, y la Gracia divina seguiría con nosotros, de manera «suficiente y eficiente», y el mérito espiritual frente a Dios y la Trascendencia sería posible. Siendo entonces dicho mérito el argumento primero de la vida humana y la clave de bóveda de una antropología engarzada en la cosmovisión tradicional.

Imperium
Término de la tradición romana que designa el dominio sobre algo. Dominio victorioso, pero justo, y con vocación de elevar lo dominado. De integrar lo diverso en una unidad anagógica. El concepto tiene tanto una dimensión político-militar como espiritual y religiosa.

Incondicionado
Que no está sujeto a ninguna condición. Es y existe por sí mismo y no depende de ninguna cosa. Lo usamos para designar lo inefable, «autoluminoso», y atemporal de una aseidad absoluta y una radical Trascendencia.

Iniciático
Usamos el término para designar la vía, camino o disciplina, que impulsa en su consecución a una palingénesis y elevación del estatus espiritual del sujeto y, *por ende*, amplitud de Consciencia y libertad respecto de la mera egoidad.

Interregno
Es el espacio de tiempo en el que un reino no tiene soberano y queda *in albis* hasta la siguiente coronación. Periodo intermedio

arquetípicamente vinculado en las leyendas medievales y el ciclo del Grial, a un tiempo de subversión y desorden, de usurpación y confusión. Nosotros lo usamos en relación a la modernidad contemporánea y a la idea de la civilización del nihilismo.

Jivanmukta
El *Jivanmukta* es aquel que ha alcanzado la plenitud espiritual y la liberación total respecto de los estados de *Avidya* y *Dukkha* de su mera individualidad fenoménica y condicionada, y lo ha alcanzado mientras aún está vivo en este mundo, en el plano terrenal y físico de la existencia. Es un concepto fundamental del *Sanatana Dharma*.

Kama
El *Kama* es el deseo o la pasión, particularmente relacionada con los placeres sensuales, carnales y emocionales, que deben ser entonces regulados y gobernados para evitar el ansia, el apego, la toxicidad psíquica y la carencia; o reconvertidos sabiamente en utillaje y palanca de fuerza para la elevación espiritual del alma más allá de la sensación y experiencia de mera mundanidad, siendo entonces posibilidad de vía anagógica e iluminación. Nosotros lo ponemos en relación a lo que en términos coloquiales hemos llamado «vía de la mano izquierda».

Kali Yuga
El Kali Yuga es la era de la ignorancia espiritual y, *por ende*, del ansia, la carencia, el temor y el apego. Es la era del desorden y la debilidad del alma y, por ende, de la insania. Es la era de la oscuridad interior y el olvido del Ser y, por ende, de la absorción y alienación en el mero devenir. Es el tiempo del *Adharma* y, por ende, de la confusión, la subversión, la decadencia y la degeneración. Es un tiempo de superlativas fuerzas materiales autorreferenciales y desplegadas en infinitos engranajes y, por el contrario, de ignorancia espiritual profunda y profunda debilidad interior. Lo ponemos en relación a la modernidad contemporánea y la civilización del nihilismo, y en relación a la idea de *Interregno* y de la Tierra Baldía.

Kýrios
Es un término proveniente de la Grecia clásica. Designa la idea de «Señor», de autoridad en un sentido reverencial. De un señor que es maestro y tutor, guía espiritual y guía de vida. Orientador y formador. Mentor y ayuda.

Legendarium
Lo usamos para referir el conjunto de mitos, leyendas y cuentos populares de una tradición. Lo extraemos del pensamiento y obra de Tolkien.

Logos
Utilizamos el término en el sentido aprehensión y guía noética de los principios espirituales, así como de la Inteligencia divina que todo lo rige y está presente en todas las cosas. Es un término proveniente de la Grecia clásica.

Luz del Norte
Usamos el término «Luz del Norte» para designar tanto el *Dharma* como la búsqueda del mismo y su orientación y guía.

Männerbünde
Es el término técnico que en el ámbito de los estudios históricos sobre las culturas de la Edad del Bronce y la Edad del Hierro se da para referir la idea de fratrias guerreras. De hermandades guerreras. Nosotros lo hemos trabajado con profusión en nuestro estudio sobre la Hispania Céltica y aquí lo usamos en el sentido de hermandad en torno a la idea de una ascesis espiritual inspirada en las virtudes del guerrero.

Maya
Utilizamos el término en el sentido de ilusión o engaño que confunde al entendimiento humano velándole la verdadera naturaleza de la realidad material y haciendo que la percibamos como algo sólido y real y no como lo que es: puro y evanescente *Samsara*... Transitorio, condicionado, irreal y efímero. Su sentido más eminente señalaría la alienación que supone vivir en la ignorancia espiritual o *Avidya*.

Modernidad

Usamos el término Modernidad en contraposición al término Tradición. Pero lo hacemos en el sentido en que lo hace la escuela filosófica del Perennialismo. No tanto diferenciando Modernidad y Tradición como por un lado el progreso contemporáneo de la ciencia y la técnica, y, por otro lado, el folclore, las costumbres, las creencias religiosas y sus fiestas, etc. Ni tampoco como dos estadios sucesivos del proceso histórico marcados por el despegue a partir de un punto de la ciencia y la tecnología en contraposición al atraso del mundo tradicional premoderno. Si no como dos categorías que señalan en contraposición irresoluble dos modos de ser y estar en la vida y el mundo: la antropocéntrica, materialista y emancipatoria de la Modernidad; y la teocéntrica, espiritual y anagógica de la Tradición. Dicha contraposición nosotros también la señalamos en los términos de Nihilismo vs. Espíritu.

Moksha

El *Moksha* es la liberación total respecto de la ignorancia espiritual de la mera individualidad fenoménica y condicionada y, por ende, del ciclo recurrente de nacimiento y muerte vinculado a la existencia puramente samsárica. Liberación fruto de alcanzar la unión espiritual o Yoga con la dimensión de la trascendencia y lo Incondicionado. Concepto clave del *Sanatana Dharma*.

Mónada invicta

Término proveniente del platonismo. Lo usamos para referir la dimensión auto luminosa de la aseidad inmanente al alma humana, y más allá de la existencia fenoménica de esta en el plano del mero devenir. Lo ponemos en relación al *Atman* de la tradición hindú.

Naturaleza Buda

Se usa este concepto para designar la naturaleza profunda del ser humano. Nuestro ser más íntimo en este sentido sería en última instancia pura iluminación. Iluminación, sin embargo, velada por los estados de ignorancia espiritual. La práctica del *Arya Dharma* nos liberaría de dicho velo.

Némesis
Justicia del destino, contraparte inevitable o fuerza divina que restablece el orden y el equilibrio castigando la desmesura y la subversión de la impiedad y el abuso de la ignorancia.

Nihilismo
Usamos el término para referir la falta de razón de ser y sentido último de la existencia humana que subyace a la Modernidad en todas sus formas e ideologías. La vida así como carente de significado, propósito y, en última instancia, de valor. La vida no tiene ni sentido ni argumento y el sinsentido entonces como tramoya de fondo, sutil pero constante y presente, del discurrir histórico e ideológico de la Modernidad y de su engañoso horizonte de emancipación…

Nous/Noético
El *Nous* en la Grecia clásica refiere al Espíritu entendido como intelecto puro y pleno e inteligencia divina presente en el alma humana. Como potencial Gnosis de aprehensión profunda de la realidad en cuanto su dimensión trascendente e inmanente y con la que se logra elevar el entendimiento más allá de los márgenes de la razón meramente discursiva y la individualidad meramente psicofísica y emocional.

Olímpico
El término lo extraemos del glosario filosófico de Julius Evola y lo usaremos para referir la dimensión interior de la aseidad y la correspondiente *Aristeia*. También lo ponemos en relación a la ética y Espiritualidad Heroica.

Palingénesis
Renacimiento espiritual o regeneración del ser. Restauración del alma a su estado de pureza originaria o actualización regeneradora de su potencial espiritual.

Paria
Término proveniente del hinduismo. Designa a la última y más baja de las castas, fuera del sistema y carente de una función

propiamente orgánica respecto del conjunto. Nosotros lo usamos para designar al tipo humano característico de la posmodernidad y el nihilismo contemporáneo. El tipo humano de la carencia, la inquietud, el abotargamiento, el psiquismo desembridado y la opacidad del alma. Centrifugado, absorbido y neurotizado en la dimensión puramente samsárica de la existencia y la personalidad.

Polis
Término romano usado para designar a las ciudades-Estado de la antigua Grecia. Lo usamos para designar la natural necesidad humana de organizarse en comunidades y dotar a estas de organicidad, arraigo, identidad propia, sustento, interrelación, solidez política y defensa y proyección exterior.

Poshumanidad
Término que utilizamos para designar a la civilización del nihilismo contemporáneo, la posmodernidad, la deconstrucción y el globalismo.

Prakriti
La *Prakriti* es la naturaleza primordial que subyace a toda la manifestación cósmica, material y universal. Es entendida como una absoluta e infinita energía femenina, pura receptividad y pasividad, que en relación con el eterno masculino de *Purusha* da origen a toda la creación y mantiene el universo en un equilibrio dinámico y cíclico. Es un término proveniente del hinduismo. Puede ponerse en relación al principio tántrico *Shakti*.

Purusha
El *Purusha* es el principio supracósmico y a la vez absolutamente activo, presente y esencial, que penetra y determina a *Prakriti* imprimiendo en su pura receptividad la semilla de todo lo existente. Es a la vez y a partir de ahí entendido como la chispa divina que reside en todos los seres, y el principio de Consciencia que habita en toda la realidad. También como eterno masculino en relación con el eterno femenino de *Prakriti*. Es un término

proveniente del hinduismo. Puede ponerse en relación al principio tántrico *Shiva*.

Raza del Espíritu
Usaremos este concepto para referirnos a los hombres y mujeres que saben y están persuadidos de ello, que la máxima ambición posible y sentido radical de la vida humana es la realización espiritual y la consecución de eso que aquí hemos llamado *Aristeía*. Y a ello consagran sus vidas independientemente de todo lo demás. Que es entonces puesto, vivido y ordenado en función de ese fin superior.

Sadhana
La *Sadhana* es la disciplina y práctica espiritual que lleva a la realización de la verdad última, alcanzando la liberación respecto de la *Avidya* y del despertar interior e iluminación. Es un concepto básico del *Sanatana Dharma*.

Samsara
El *Samsara* es el ciclo interminable de generación y disolución, nacimiento y muerte, impermanencia y transitoriedad de todas las cosas. Del universo entero en todas y cada una de sus galaxias, planetas, formas de vida, soles y estrellas. La impermanencia de todo lo múltiple, compuesto, condicionado, material, fenoménico, interdependiente. La carencia de Ser que subyace a todo lo que no es por sí mismo y aboca al movimiento perpetuo, el devenir inagotable y cíclico de infinita generación y disolución, nacimiento y muerte, inconsistencia e ilusión... Es una enseñanza básica del *Sanatana Dharma*.

Sanatana Dharma
Termino hindú que designa a su propia religión y que literalmente se puede traducir como «religión eterna» o «tradición eterna». Refiriendo ahí el fondo perenne, suprahistórico, universal y atemporal de sus enseñanzas y prácticas. Que no serían así algo contingente, histórico o contextual, sino la estructura y argumento mismo de la vida. Nos atengamos a ello o no...

Sede Vacante
Término proveniente de la tradición católica utilizado para designar el vacío de autoridad espiritual y religiosa al frente de la iglesia. Nosotros lo utilizamos para referir el carácter nihilista y espiritualmente descabezado de nuestro tiempo.

Sophia Perennis
La cosmovisión tradicional entendida como una espiritualidad y sabiduría universal y perenne que, con distintas vestiduras históricas y contingentes y mayor o menor plenitud y profundidad, no ha dejado de manifestarse a lo largo de los siglos, religiones y civilizaciones, hasta la llegada de la subversión moderna, que se construirá precisamente negando o subvirtiendo dicha cosmovisión.

Sudra
El sudra es la persona que pertenece a la cuarta casta en la sociedad hindú, tradicionalmente encargada de realizar trabajos manuales y servicios. También es entendido como el tipo humano limitado en cuanto a sus posibilidades espirituales y vocación hacia lo Incondicionado, identificándosele con la tendencia a lo burdamente material y contingente.

Tat Tvam Asi
Literalmente «Tú eres eso» en antigua lengua *sá*nscrita. Refiere a la enseñanza fundamental de la cosmovisión tradicional por la cual el maestro muestra al discípulo que él es en su esencia radical *Atman*, y, por ende, *Brahman*. Que el centro mismo de su ser no es su ser contingente, individual y condicionado, sino la no dualidad de la Identidad Suprema: *Atman/Brahman*. Siendo la realización de dicha enseñanza lo que conduce a la *Moksha* o liberación.

Teodicea
El término refiere el estudio filosófico de la idea de Dios y de Trascendencia al margen de la religión o de un depósito de reve lación. Nosotros lo usamos para referir una sabiduría espiritual

y religiosa connatural al Hombre, potencialmente actualizable y vinculada a la experiencia misma de las verdades de la *Sophia Perennis*. Verdades que en última instancia no son sino la estructura misma de la realidad y como tales, nunca se apartan ni dejan de ser operatorias, y, por ende, pueden ser objeto de dicha Teodicea.

Teúrgia
La teúrgia es la práctica mágica y ritual mediante la cual se busca la elevación del alma hacia la contemplación de lo Divino inmanente expresándose en gran medida en la fuerza de lo simbólico, en dicha fuerza en el cosmos y la naturaleza, y, por ende, en el mundo y la vida como hierofanía.

Theosis
La *Theosis* es el proceso de elevación y perfección espiritual del alma humana hasta la divinización de esta por su plena identificación con lo Divino.

Tierra Baldía
Término proveniente de las leyendas medievales sobre el Santo Grial usado para referir el mundo caído y sin primavera, pendiente de renacer con la sanación del rey herido que propicia triunfar en la prueba Grial. Nosotros lo usamos para designar la desolación espiritual de la Modernidad y la propia «prueba griálica» que esto supone…

Topos Uranus
«Cima del Cielo». Término proveniente del platonismo referido al mundo de las ideas perfectas, las esencias puras e incondicionadas, plenamente existentes y atemporales, de las que todo el universo entero no es sino emanación y reflejo.

Tradición
Usamos el término conforme a la doctrina perennialista. No nos referimos así con él simplemente a las costumbres o el folclore,

sino a la cosmovisión metafísica, espiritual, anagógica e iniciática, que a modo de molde platónico opera como raíz y fuente de las distintas tradiciones religiosas e históricas, siendo a su vez la estructura misma de la realidad, la verdad misma del universo y de la vida humana. Siendo entonces que estas distintas tradiciones históricas pueden encarnar con mayor o menor plenitud, desviación o acierto, Consciencia u olvido, dicho molde. Y siendo entonces que la Modernidad es planteada como la antítesis de dicha tradición perenne y cosmovisión y las tradiciones propiamente históricas, en su decadencia, debilitamiento, corrupción, error o desviación, son planteadas como la condición de posibilidad del advenimiento del ciclo moderno.

Valhalla
El salón de los héroes, de los caídos en combate, escogidos por las valquirias en la batalla. Construido por Odín en Asgard, la morada de los Asen. La morada de los dioses. Majestuoso y radiante, allí los *Einherjar* disfrutan del banquete de Odín atendidos por las propias valquirias, mientras se preparan para la batalla final del Ragnarok. De Odín y las fuerzas celestiales, contra las potencias del caos y la disolución...

*

Este glosario se ha podido elaborar gracias a la inestimable ayuda de nuestro amigo Javier Gay-Velilla.

Para contactar con el autor Gonzalo Rodríguez García:
laforjaylaespada@gmail.com

Este libro, por encomienda de la editorial Almuzara, se terminó de imprimir el 23 de mayo de 2025. Tal día, de 1533, se anula el matrimonio entre Enrique VIII y Catalina de Aragón.